교육부선정
디지털혁신공유대학 교육과정

C++ 기반 객체지향 프로그래밍

저자 김근식

C++BASED OBJECT-ORIENTED PROGRAMMING

구민사

교과목 개요

본 교재는 교육부선정 디지털 혁신공유대학사업(미래자동차분야)으로 진행된 객체지향프로그램 교과목의 표준 수업계획서에 의거 저술되었다. 표준 수업계획서는 수도권과 지방의 서로 다른 자동차특성화 대학들이 각자 가지고 있는 강점을 바탕으로 참여대학들의 교육과정 수준과 다양화를 고려하고 서로의 특장점을 융합하는 과정을 통해 교육콘텐츠 품질을 재고하기 위하여 각 대학의 본 과목 담당 교수들과 협력하여 작성되었다.

본 교과과정은 프로그램의 기본 단위이며 독립적인 기능을 갖는 객체(object)들을 이용하여 전체 프로그램의 목적을 달성하는 객체지향 프로그래밍의 구현과정을 학습할 수 있도록 한다. 변수와 함수를 하나로 묶어서 정의한 class라는 설계도를 이용하여 각각의 기본적인 독립 객체를 생성하고 이들 객체를 확장해 나아가는 C++ 언어 기반의 객체지향 프로그래밍 과정이다. 세부적으로는 C언어 기본인 변수선언, 제어문, 반복문 등을 바탕으로 포인터, 배열, 함수, 구조체 등의 C++에서 추가된 프로그램의 문법을 이해한다. 이를 근거로 class를 설계할 때 정보은닉, 상속, 메모리 할당, 함수 선언 등의 상세 설계도의 특징을 학습하며 이러한 class를 기반으로 생성된 객체를 활용하여 목적하는 프로그램을 완성하는 기법을 배운다.

2023년 3월

저자 김근식

수업목표

- C++ 언어 기반의 객체지향 프로그램을 학습하기 위하여 C++기본 요소인 조건문, 제어문, 배열, 함수, 구조체, 포인터에 대하여 통합적으로 복습하는 과정을 통해 이를 이해하고 프로그래밍 할 수 있다.
- 구조체의 확장인 멤버함수와 멤버변수를 하나로 묶어 정의되는 class를 이해하고 구성할 수 있다.
- 설계도인 class를 기준으로 메모리에 실제를 생성하는 Instance 객체를 이해하고 그 성질을 해석할 수 있다.
- class에서 주요 특징인 상속과 생성자 및 소멸자에 대하여 이해하고 응용 프로그램을 구현할 수 있다.
- 객체에 대한 메모리할당과 해제, 가상함수, 함수중복 정의, 템플릿 등을 이용하여 객체지향 프로그램을 작성할 수 있다.
- 외부에서 파일 및 데이터를 읽고 처리하여 파일로 저장할 수 있다.

수업계획

주차	내용	주차	내용
1주차	과목 소개 및 기본지식 점검 • 수업 진행방법에 대해 설명 할수 있다. • 각 주차별 수업내용에 대해 설명할 수 있다. • C++ 공부를 위해 필요조건인 데이터 선언 방법과 데이터의 사용범위를 설명할 수 있다.	9주차	class응용 - 메모리할당과 해제 • 데이터 변수를 동적으로 메모리를 할당하고 해제하는 개념을 설명할 수 있다. • class 객체를 동적으로 메모리에 할당하고 사용이 완료되면 메[모리에서 객체를 해제할 수 있다.
2주차	C++기본요소 : 제어문, 반복문 숙지 • 조건제어 명령을 이용하여 절차적 프로그램의 순서를 설명하고 응용할 수 있다. • 반복적인 동작을 제어할 수 있다. • 조건제어 명령과 반복문이 프로그램을 이해하고 이를 응용할 수 있다.	10주차	class응용 - 오버라이딩, 가상함수 • 부모 class 멤버함수의 재 정의를 활용할 수 있다. • 가상함수의 성질을 이해할 수 있다. • 가상함수를 이용하여 함수를 재정의 할 수 있다.
3주차	포인터와 배열 • 포인터의 개념을 이용하여 변수 데이터와 주소의 개념을 이해할 수 있다. • 배열을 정의하고 데이터를 가동할 수 있다. • 포인터를 이용하여 배열을 처리할 수 있다	11주차	class응용 - 객체 연산자, 오버로딩 전역 연산자를 이용하여 객체의 멤버변수간에 기본적인 연산을 구현할 수 있다. class멤버 변수의 오버로딩에 대한 개념을 설명할 수 있다.
4주차	구조체와 함수 • 구조체를 선언하여 객체를 생성하고 응용하는 과정을 통해 객체에 대한 개념을 설명할 수 있다. • 함수를 정의하고 그 특징을 설명할 수 있다. • 변수, 배열, 구조체의 객체에 대한 데이터와 주소를 주고받는 방법을 설명할 수 있다. • 중복정의를 이용하여 함수를 간략화 할 수 있다	12주차	class응용 - Template & 예외처리 • Template을 활용하여 함수를 간략화 할 수 있다. • 프로그램이 실행중에 불가피하게 발생할 수 있는 예외의 경우를 저리하는 기법을 프로그램에 적용할 수 있다.
5주차	class 설계 - 구조체 확장, 객체생성 • class 설계도를 작성하고 객체를 생성하며, 이를 통해 데이터를 처리 할 수 있다. • class간 정보를 접근방법을 이해할 수 있다.	13주차	class응용 - 데이터 입출력 • 데이터 입출력 스트림 class 기능을 이해하고 문자 및 문자열 데이터를 입출력할 수 있다. • 포맷 입출력 기능을 이용하여 입출력 포맷을 제어할 수 있다. • 삽입연산자와 추출연산자를 이용하여 class객체의 데이터를 다룰 수 있다.
6주차	class설계 - 생성자와 소멸자, 상속 • 부모class와 자식class와의 관계를 이해할 수 있다. • 다중상속과 가상 상속에 대하여 이해할 수 있다.	14주차	class응용 - 파일 입출력 • 파일 입출력 스트림을 이용하여 파일 쓰기와 읽기를 통해 데이터를 처리할 수 있다. • 바이너리 I/O를 이용하여 바이너리 파일을 다룰 수 있다.
7주차	class응용 - 정보은닉 • 지역/전역변수, 정적변수, class내 정적변수의 사용범위를 설명할 수 있다. • 캡슐화를 위한 함수처리 기법, friend 멤버함수, 정적멤버함수의 특징을 설명할 수 있다.	8주차 15주차	• 중간평가 • 기말평가

CONTENTS

7 정적멤버변수와 함수

8 프로그램의 다형성

9 class 연산자

CONTENTS

10 템플릿(Template)

11 파일 입출력

12 예외처리

1

프로그래밍 시작

1 프로그래밍 시작

1972년에 미국의 벨 연구소에서 컴퓨터 운영체계의 하나인 UNIX를 개발하면서 다른 기종들의 컴퓨터와 호환성 측면에서 큰 불편함을 해소하고자 시스템 프로그래머인 Dennis Ritchie가 C언어를 개발하였다. C언어는 하드웨어를 직접 제어할 수 있는 장점 등의 이유로 사용자가 급속히 증가하였다. C언어는 순서대로 동작하는 절차적 프로그래밍인데, 프로그램 코드가 복잡해질수록 오류를 찾아내기 힘든 한계를 극복하기 위하여 비아르네 스트로우스트루프(Bjarne Stroustrup)는 C언어에서 객체의 개념으로 사용 되고 있는 구조체를 확장하여 class라는 새로운 설계도 개념을 제시하였다. 이를 바탕으로 C언어는 이 class라는 설계도를 근거로 실제 실행하는 코드를 생성하는 객체 지향형 프로그램인 C++ 언어로 발전한다. C++ 언어의 특징은 C언어의 절차적 프로그래밍과 class로 기반으로 하는 객체지향 프로그래밍 그리고 템플릿으로 대표하는 일반화 프로그래밍이다.

C++ 기반 객체지향프로그래밍은 C언어를 모태로 동작하기 때문에 C언어의 기본 문법을 반드시 익히고 다루어야 한다. C++를 공부하고자 학생들은 대부분 C언어를 선수과목으로 이수한 경우이지만 C언어도 기계와 대화하는 언어이기 때문에 언어의 고유특징인 반복 학습이 반드시 이루어져야만 훨씬 손쉽게 응용 프로그램을 작성할 수 있다. 그러므로 선수과목으로 배운 C언어를 반복 학습하는 것은 객체지향프로그램을 효율적으로 학습하도록 하는 필요조건이다. 본서는 먼저 C++ 객체지향프로그램에서 실제 사용되는 C언어의 주요 기능을 다루고 C언어가 확장된 C++ 객체지향프로그램을 학습하도록 한다.

1.1 C 언어의 특징

선수과목으로 학습한 C언어의 특징을 요약하면 다음과 같은 장점을 가지고 있다.

① 프로그램 명령이 순서에 따라 절차적으로 동작하며 구조체와 함수 등을 포함하고 있어서 프로그램을 구현하기가 수월하다.

② C++, 윈도우프로그램 등 고급 프로그램을 구현하기 위하여 실질적으로 동작하는 프로그램으로 사용될 뿐만 아니라, 하드웨어를 직접 제어할 수 있는 강력한 언어이다.

③ C 언어는 Window, Linux 등 거의 모든 운영체제 OS 환경으로부터 영향을 받지 않고 자유롭게 사용할 수 있으며, 최근에는 인터넷을 통해 온라인으로 프로그램의 코드를 작성하고 쉽게 실행해 볼 수 있다.

④ 메모리를 효율적으로 관리하고 메모리에 저장된 데이터를 메모리 주소만으로도 수월하게 접근할 수 있도록 하는 포인터 기능이 있어서 메모리 프로그램을 효율적으로 개발할 수 있다.

⑤ C언어를 숙지하고 나면 객체지향형 고급언어인 C++, 윈도우프로그래밍 등을 쉽게 학습할 수 있다.

1.2 컴파일러 환경

2000년 이전에는 C언어 프로그램의 코딩과 실행은 Borland사에서 개발한 Turbo-C 등을 사용하였으나, 현재는 인터넷 온라인에서 C, C++ 언어들을 직접 프로그램하고 실행할 수 있는 환경이 구축되었을 뿐만 아니라 마이크로소프사에서 무료로 제공하는 Visual Studio 환경에서 프로그램을 코딩하고 실행할 수 있다. 하나의 프로그램이라면 On-line 상에서 제공하는 On-line compiler를, 여러 개의 프로그램을 묶어서 project 단위로 실행을 하고자 할 경우에는 Visual Studio Community를 사용할 것을 권장한다.

먼저 인터넷 On-line의 다양한 사이트에서 C, C++ 언어를 학습할 수 있도록 컴파일러가 제공되는데 본서에서 프로그램 컴파일러로 주로 사용할 사이트는 그림 1-1.의 Coding ground(https://www.tutorialspoint.com)이다.

한편 Visual Studio Community를 사용하고자 한다면 Microsoft 사 홈페이지(https://visualstudio.microsoft.com)에서 Visual Studio 다운로드를 선택하여 무료로 설치할 수 있다. 이때 다운로드 버튼을 누르면 자동으로 설치프로그램이 작동한다. 설치 관리자를 통해 다운로드가 완료되면 그림 1-2.에 보인 바와 같이 설치하고자 하는 컴파일러를 선택하면 된다. 그림 1-2는 Visual Studio 2022를 기준으로 보여진 것이며 매년 달라질 수 있다. Visual Studic Community를 클릭하면 그림 1-3.과 같은 화면이 나오는데 사용자가 3가지 경우 중에 하나를 선택하여 사용하여 실행한다. 참고로 본서는 Visual Studio 2022를 기준으로 작성하였다.

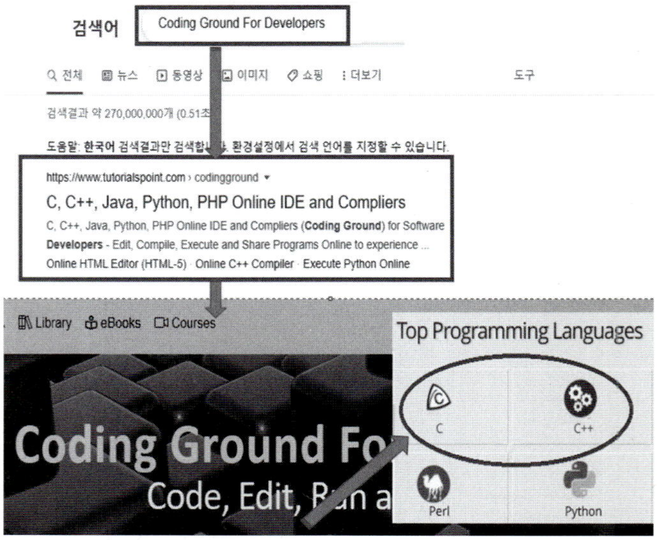

| 그림 1-1 | Online C, C++ Compiler

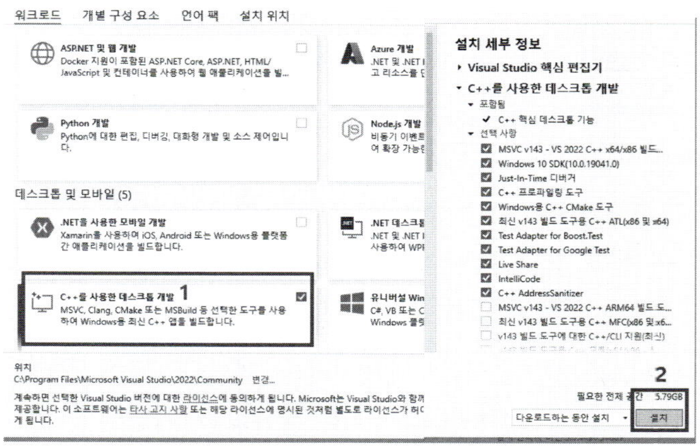

| 그림 1-2 | Visual Studio Community 설치화면

| 그림 1-3 | Visual Studio 실행 초기 화면

3번 새 프로젝트 만들기를 선택한 경우에는 콘솔 앱이나 Windows 데스크톱 마법사를 이용하기를 권장한다. 콘솔 앱을 사용하는 경우에 대하여 간단하게 설명한다. 프로젝트명을 기록하고 저장할 위치를 기록한다. 그리고 "**솔류션과 및 프로젝트를 같은 디렉토리에 배치**"를 체크한다. 그림 1-4.에 절차를 보였다.

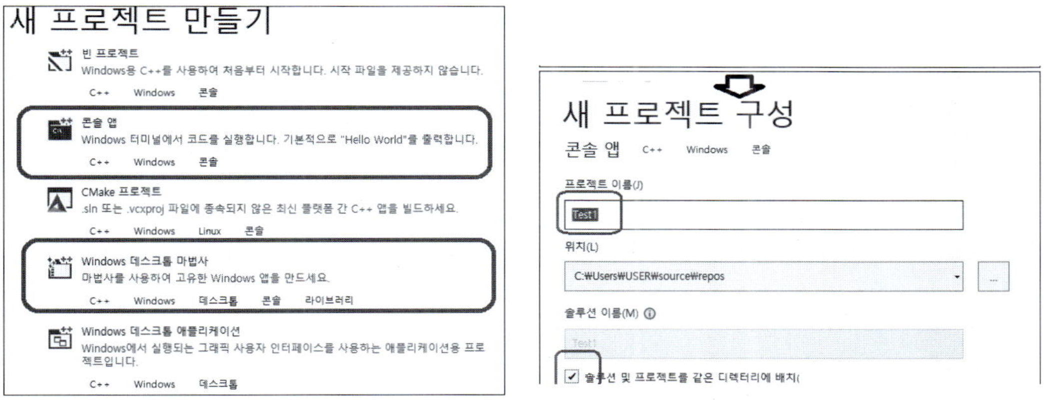

| 그림 1-4 | 새 프로젝트 만들기

1.3 C 언어 기본 구성

C, C++언어의 기본 구성은 다음과 같다.

C 언어 기본구성 | Keypoint

- C언어는 기본적으로 함수들의 집합이다. 함수는 프로그램에서 함수명 다음에 ( )로 시작된다. 예를 들어 main(), printf(), sum(int a, int b) 등과 같은 형식이며 모든 함수에서 프로그램은 { 로 기능을 시작해서 } 로 메모리에서 해제되어 그 기능을 마친다.
- 프로그램을 코딩할 때 프로그램에서는 main( ) 함수가 반드시 하나는 있어야 하며, main( ) 함수에서 프로그램은 순서대로 절차에 따라 실행이 시작된다.
- 프로그램 명령어는 영문 소문자가 기본이며, 변수를 사용할 때 대소문자를 구분하므로 대소문자를 사용할 때 주의하여야 한다.
- 각각의 명령어는 ; 로 구분되며, 편집 창에서 한 줄에 여러 개의 명령어를 ;으로 구분하여 사용해도 좋다. 다만, 다음의 예외에서는 ;을 문장 마지막에 붙이지 않는다.
  - **문장 앞에 #이 붙는 경우(#include, #define)**
  - **함수명 뒤(예 : main())**

이상의 기본 원칙을 고려한 기본 프로그램의 구성은 다음과 같다.

```
//C, C++언어 기본 구성 예
#include <stdio.h>
int main( )       //함수 : main, int : 반환되는 데이터 형식
{                 // 프로그램의 시작 부분
        :
   프로그램 명령어
        :
  return 0;     //반환되는 데이터
}                  // 프로그램의 마지막 부분
```

2

C언어 기본요소

2 C언어 기본요소

C++ 기반 객체지향프로그래밍은 C언어를 확장하여 class를 기반으로 하는 객체지향 프로그래밍과 템플릿을 포함한 것이므로 C++ 언어를 공부하기에 앞서 선수과목으로 공부한 C언어의 핵심 부분을 기억하여야 하는데 이를 요약하면 다음과 같다.

2.1 기초정리

표 2-1 C언어 기본문법 정리

문법 기본	설명
#include 〈 ****.h〉	컴파일러가 기본으로 제공하는 header file 사용 선언
#include " ****.h"	사용자가 정의하여 생성한 header file 사용 선언
#define A B	A를 B로 할당(예 : #define A 10 〈-- A를 10으로 할당
typedef ABCD a;	명령어 ABCD를 a로 약칭해서 사용
Name( )	Name이라는 이름을 가진 함수
{	명령어(함수포함)가 영향을 미치는 범위의 시작 선언된 변수 등에 대하여 메모리 할당 시작

문법 기본	설명
}	명령어의 영향이 미치는 범위의 끝 선언된 변수 등에 대하여 메모리 해제
// 명령어 또는 설명	// 이하는 실행하지 않음, 설명문
/* 명령어 또는 설명 */	/*　　　*/사이에 명령문은 실행하지 않음, 설명문
;	1개의 명령이 완료되었음을 표시 단, #명령어, 함수명() 다음은 예외
\n	printf 명령에서 출력 결과가 다음 줄에 표시

C, C++ 언어 프로그램의 명령문을 작성할 때는 다음과 같은 문자를 사용할 수 있다.

① 숫자 : 0 1 2 3 4 5 6 7 8 9

② 영문자 : a b c d … z, A B C D .... Z

③ 특수 문자 : + - * / = _ ( ) [ ] & % ! · | 〈 〉 # . , ' " \ ~ ? : ; $

④ 기타 : **빈칸(blank)**

C, C++ 프로그램에서 대문자와 소문자는 전혀 별개의 문자로 취급되며, 일반적으로 소문자를 많이 사용하는데, 최근 C++ 이상의 언어에서는 사용자가 만드는 함수나 변수는 첫 문자는 대문자로 하고 나머지 문자는 소문자로 하며, 새로운 단어를 연결할 때 C언어에서는 전통적으로 __를 많이 사용하였는데, 고급 편을 공부할수록 __보다는 문자열과 문자열의 연결을 대문자로 연결한다.

예) 기존 C언어 : apple_type,　　　function_name()
　　고급 C언어 : AppleType,　　　FunctionName()

2.2 자료형

C, C++ 언어에서 자료형은 변수(variables)와 상수(constants)가 기본적으로 사용된다. 변수는 데이터를 지정된 메모리에 저장하고 사용하다가 저장된 데이터를 필요에 따라 바꾸어 저장할 수 있는 자료형을 말한다. 상수는 한 번 메모리에 기억시킨 데이터를 저장하면 그 데이터를 바꿀 수 없는 자료형이다. 변수를 사용하기 위해서는 데이터가 정수인지 혹은 실수, 문자인지 등 그 형태를 구분하고 필요한 메모리 공간을 확보하여야 하는데 이를 자료형 선언이라고 한다.

이처럼 변수는 메모리에서 임의의 공간을 차지하며 해당 위치에 데이터를 저장하기도 하고, 그 위치에서 데이터를 가져오기도 한다. 이때 데이터가 저장된 메모리의 위치를 메모리 주소라고 부르며, 변수를 선언하는 것 즉 독립적인 고유의 메모리 공간을 확보하는 작용을 인스턴스(Instance)라고 부른다. 이처럼 메모리를 확보하는 기본적인 인스턴스는 = 연산자를 이용하는데 이 연산자를 할당 연산자라고 부른다.

C, C++ 언어에서 숫자 혹은 문자 등의 데이터를 저장하는 자료형의 종류와 데이터의 사용범위를 표2-2.에 요약 정리하였다. 자료형은 크게 정수형, 실수형, 문자형으로 구분할 수 있는데, 고급언어에서는 좀 더 확장된 자료형이 제공된다. 우리가 사용하는 정수나 실수값은 2진수로 변환되어 저장되는데 1byte(=8bit)의 배수 단위인 1byte(8bit), 2byte(16bit), 4byte(32bit), 8byte(64bit)의 크기로 메모리가 결정된다. 표2-2.에 데이터 종류에 따른 자료형 선언과 사용범위를 요약하였다.

표 2-2 자료형 선언과 사용범위

종류	선언명령	바이트	데이터 범위
정수형 또는 문자형	char	1	-128 ~ 127, 또는 ASCII 문자
	unsigned char	1	0 ~ 255, 또는 ASCII문자
정수형	short	2	-32,768 ~ 32,767
	unsigned short	2	0 ~ 65,535
	int	4	-2,147,483,643 ~ 2,147,483,647
	unsigned int	4	0 ~ 4,294,967,295
	long	4	int 와 동일
	unsigned long	4	unsigned int 와 동일

종류	선언명령	바이트	데이터 범위
실수형	float	4	$\pm 3.4 \cdot 10^{-38} \sim \pm 3.4 \cdot 10^{+38}$
	double	8	$\pm 1.7 \cdot 10^{-308} \sim \pm 1.7 \cdot 10^{+308}$
	long double	12	$\pm 1.2 \cdot 10^{-4932} \sim \pm 1.2 \cdot 10^{+4932}$

[주] 1. int는 8bit 마이크로프로세서용 C Complier에서는 2바이트 정수형 선언으로 사용된다.
2. 문자형 데이터는 ASCII 문자를 저장할 수 있을 뿐만 아니라, 8 Bit 정수값을 저장할 수 있다.
3. long double은 compiler에 따라 10,12,16bit 데이터 범위를 갖는다

2.3 변수

변하는 데이터를 메모리에 저장하기 위하여 기억장소의 이름을 프로그래머가 선언하는 것을 변수선언이라고 한다. 변수를 선언하는 일반적인 방법은 다음과 같다.

```
자료형   변수명1, 변수명2, 변수명3,   .......;
예)
int nData, nNumber;
```

자료형은 앞서 언급한 바와 같이 int 나 float 등과 같이 메모리 크기와 관련된다. 변수명은 사용자가 이해하기 좋게 이름을 정하면 된다. 그런데 변수값이 정수인 경우에는 일반적으로 이름 앞에 n자를 붙이고, 실수인 경우에는 f, 문자일 경우에는 ch, 문자열인 경우에는 str을 붙여 변수명만 보고도 어떤 자료형으로 선언되었는지를 쉽게 이해할 수 있게 한다. 이를 헝그리안 표기법이라고 부른다. 상기의 예는 최대 32비트 데이터를 갖는 변수를 2개 선언하였으며, 선언하는 순간에 '컴퓨터의 주 메모리에 32 X 2 =64비트(8Byte)의 메모리 공간이 확보하여라' 라는 인스턴스(Instance) 명령이다. 변수를 여러 개 선언할 때는 예에서 보인 바와 같이 , 로 구분하며 마지막에는 변수 선언이 완료되었음을 알리기 위하여 ; 을 해주어야 한다. 다음의 예제는 변수를 선언하고 선언된 변수에 데이터를 저장하는 방법을 나타내었다. 이때 변수선언과 동시에 초기값을 넣을 수 있다.

```
예)
int nData, nNumber;
nData=100;
nNumber=200;                        또는
int nValue=100, nData=200;          또는
int nValue(100), nData(200)           //C++ 에서 추가된 기능
```

여기서 주의 할 개념은 C언어에서 = 의 의미는 같다는 의미가 아니고, 오른쪽에서 왼쪽으로 값을 대입하라는 의미이다. 즉 nValue=100;의 의미는 100을 nValue라는 기억장소에 저장하라는 의미이다.

C++ 언어에서는 변수를 선언할 때 추가된 기능은 auto 기능이다. 이는 변수를 선언하고 초기화를 하면 변수 자료형이 초기값에 따라 자동으로 정해진다.

```
예)
auto a = true;          //bool
auto b = 'A';           // 문자형
auto c = "대한민국"; //문자열형
auto d = 3;             // 정수형
auto f = 3.5;           // 실수형
```

2.4 기본 데이터 입출력

C언어에서 프로그램을 코딩하여 실행한 결과를 모니터에서 확인하기 위해서는 printf() 함수를 사용하였다. 또한 키보드로부터 데이터를 입력받기 위하여 scanf() 함수를 사용하였다. C++ 언어에서는 이 함수들을 사용할 수는 있지만 좀더 편리한 cout, cin 명령이 사용된다. 복습의 의미로 printf() 함수와 scanf() 함수에서 사용하는 데이터의 형식을 표2-3.에 요약하였다.

표 2-3 데이터 입출력 표시 형식

데이터	일반 형식	데이터	일반 형식
정수	%d	16진수	%x
실수	%f	8진수	%o
문자	%c	지수 형태	%e
문자열	%s	e와 f 포맷 중 선택	%g

① 데이터 출력

C언어에서 printf() 함수는 이중 따옴표(" ")내에 문자열이나 데이터를 화면에 출력하기 위해 첫 번째 " 이후에는 표 2-3의 표시형식을 적용하고, 두 번째 " 이후에는 형식에 각각 대응하는 데이터 혹은 변수를 코딩한다. 일반적인 형식은 다음과 같다.

```
#include <stdio.h>

printf(" 문자열 또는 형식....", 형식에 대응되는 숫자, 변수);
```

C++에서는 데이터를 화면에 출력하고자 할 때 printf( ) 함수 뿐만 간단하게 다음과 같이 cout<< 명령을 이용할 수 있다. “cout<<변수” , “cout<<상수” 의 형태는 오른쪽의 데이터를 화면으로 출력하는 기능이다. 물론 문자열을 직접 화면에 출력하고 싶으면 cout<< "문자열" 의 형태로 작성한다. 줄 바꿈을 사용하고 싶으면 endl(end of line)를 사용하거나 \n(이스케이프 시퀀스)를 사용한다.

```
#include <iostream>
using namespace std;

cout<< 상수 또는 변수 << "문자열" 또는 변수 .....<<endl;
```

이때 iostream은 C언어에서 사용하는 stdio.h header 파일의 기능을 C++에서 확장한 데이터 및 파일의 입출력을 기능을 제공한다.

여기서 namespace의 의미를 살펴보자. 프로그램을 작성할 때 여러 파일을 생성할 수 있으며 여러 개발자가 함께 개발한다. 그러다 보면 함수나 구조체 등이 동일한 이름이 생길 수 있다. 이때 함수의 이름이나 구조체의 이름 등이 같아지면 이름 간에 중복이 발생하여 오류가 생긴다. 이런 충돌이 발생하지 않기 위해 만들어진 것이 namespace 이며, namespace는 함수나 구조체 혹은 변수 이름 등의 소속을 정해주는 것이다. using namespace std는 std 라는 class 라이브러리에 있는 멤버함수 등을 사용하겠다고 선언하는 것이다. 이제 C++ On line Compiler를 이용하여 지금까지 학습한 printf()와 cout<<을 비교하면서 이 기능을 예제를 통해 익힌다.

ex 2-1 데이터 화면으로 출력

```
#include <iostream>
using namespace std;

int main()
{
    int nA=10, nB(20);
    auto nC(30);
    printf("데이터1 = %d, 데이터2 =%d, 데이터3 = %d \n", nA, nB, nC);

    cout << "printf, cout 비교 \n";

    nA=nA+100;
    nB=nB+100;
    nC=nC+100;
    cout<<"데이터1 = "<< nA << ", 데이터2 ="<< nB <<", 데이터3 = "<<nC<<endl;

   return 0;
}
```

실행결과

```
데이터1 = 10, 데이터2 =20, 데이터3 = 30
printf, cout 비교
데이터1 = 110, 데이터2 =120, 데이터3 = 130
```

변수끼리 사칙 연산하는 방법은 수학에서 연산하는 방법과 같으며 연산 기호는 + - * / 가 있으며 별도로 정수/정수의 나머지를 구하는 % 연산자가 추가되어 있다. 한편 C, C++ 언어에서는 10진수, 16진수 등의 값을 직접 입력하여 사용할 수 있도록 형식이 주어져 있는데 16진수를 정수형 변수에 할당할 때는 숫자 앞에 0x를 붙인다.

ex 2-2 진수 데이터 입력 및 출력

```
#include <iostream>
using namespace std;

int main()
{
    int nX, nY;
    nX=635;   //10진수 값 할당
    nY=0x635; // 16진수 값 할당
    printf("%d(10), %x(16)\n",nX, nX);
    printf("%d(10), %x(16)\n",nY, nY);
    cout<<"--------------------------\n";
    cout<< dec << nX <<"(10), "<< hex << nX << "(16)" <<endl;

   return 0;
}
```

실행결과

```
635(10), 27b(16)
1589(10), 635(16)
--------------------------
635(10), 27b(16)
```

② 데이터 입력

C언어에서 키보드를 통해 데이터를 입력하는 함수는 scanf() 함수이며 사용 방법은 다음과 같은 "형식"을 표시하고, 형식의 개수만큼 저장할 변수의 주소 연산자인 ampersand(&)를 지정하여 사용한다.

```
#include <stdio.h>
scanf(" 형식1 형식2 ....", &변수1, &변수2 ...);
```

scanf()함수 예제를 사용하여 데이터를 입력하는 기능을 복습하며 의미를 되새긴다.

ex 2-3 scanf()함수를 이용한 키보드 데이터 입력

```
#include <iostream>
using namespace std;

int main()
{
    int nA, nB;
    char chData;
    char strData[6];
    printf("정수와 문자, 문자열를 입력하세요\n");

    scanf("%d %d %c %s", &nA, &nB, &chData, &strData);
    printf("정수1 = %d, 정수2 =%d, 문자 = %c 문자열 %s\n", nA, nB, chData, strData);
    return 0;
}
```

입력 & 실행결과

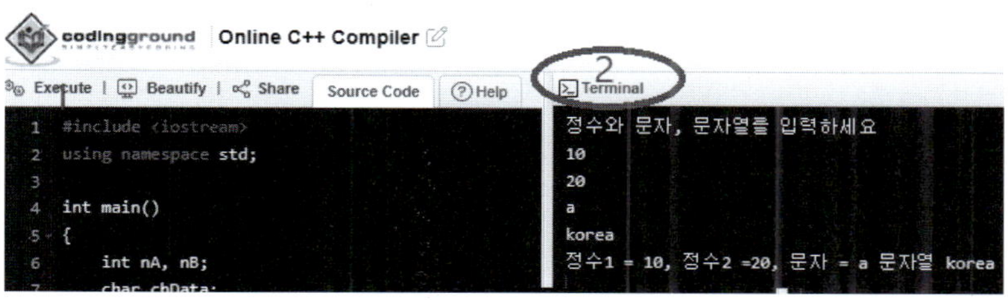

Visual Studio Community 컴파일러를 사용하는 경우에는 scanf()함수에 대하여 보안을 검색하기 때문에 실행 도중 버그(bug)가 발생한다. 이런 경우에는 보안 검색을 무시하도록 다음과 같은 문장을 추가해준다.

```
#include 〈iostream〉
using namespace std;

#define _CRT_SECURE_NO_WARNINGS

int main()
{
    :
    :
}
```

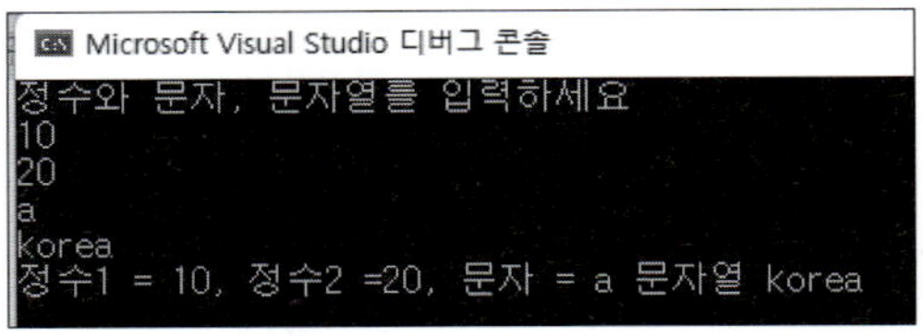

C++에서는 데이터를 키보드로부터 입력받을 때 scanf() 대신에 cin〉〉 명령을 사용하는데 이때 하나씩 데이터를 입력받는다. ex 2-3.의 예제를 cin〈〈으로 바꾼 ex2-4 예제를 통해 cin의 기능을 익힌다.

ex 2-4 cin>>을 이용한 키보드 데이터 입력

```
#include <iostream>
using namespace std;

int main()
{
    int nA, nB;
    char chData;
    char strData[6];
    cout<<"정수와 문자, 문자열를 입력하세요 : "<<endl;
    cin>>nA;
    cin>>nB;
    cin>>chData;
    cin>>strData;
    printf("정수1 = %d, 정수2 =%d, 문자 = %c 문자열 %s\n", nA, nB, chData, strData);
    return 0;
}
```

실행결과

```
정수와 문자, 문자열을 입력하세요
정수1 = 10, 정수2 =20, 문자 = a 문자열 korea
```

cin>>nA; cin>>nB; cin>>chData; cin>>strData; 4개의 문장은 다음과 같이 한꺼번에 데이터를 받을 수 있다. 이 경우 스페이스바로 구분된다.

```
cin>>nA>>nB>>chData>>strData;
```

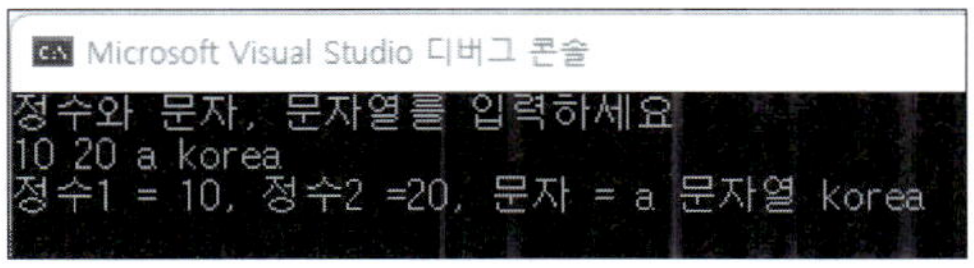

2.5 문자열 처리

영문자는 흔히들 ASCII code로 표현되는데 총 128개로 정의된다(인터넷 검색어 "아스키코드표" 참조). 이는 영어를 표기하기 위한 인코딩 방식으로 한글(한국), 가나(일본), 한자(중국)와 같이 다른 문자들은 표현할 수 없다. 여기서 인코딩(Encoding)이란 문자 집합을 컴퓨터 프로그램의 컴파일러가 인식하도록 코드로 변환하는 것을 말한다. 이러한 인코딩 하는 방식은 '유니코드(unicode) 인코딩'과 '멀티바이트(muitibyte) 인코딩' 등 크게 2가지 방식으로 구분된다. 멀티바이트 인코딩 방식은 MS사의 Visual Studio에 적용되는 방식이다. 이는 문자 인코딩에 대한 국제표준이 이루어지기 전에 MS사에서 자체적으로 사용하기 시작한 방식이다. 이 방식은 프로그램에서 문자를 사용할 때 1byte 인코딩 즉 SBCS(single byte code system)을 사용할지 2byte 이상의 MBCS(multi byte code system)을 사용할지를 사용자가 먼저 정하는 방식이다.

멀티코드 인코딩 방식과는 달리 유니코드 인코딩 방식은 각종 문자들을 인코딩할 수 있도록 정해진 국제 표준이다. 유니코드에는 UTF-8, UTF-16, UTF-32이 있는데 이는 글자 하나가 차지하는 bit의 크기를 말한다. 각각의 인코딩 방식에 따른 메모리 크기를 요약하면 다음과 같다.

문자열 처리 유니코드 | Keypoint

- UTF-8
  - 영문자 1byte(8bit) 기반
  - 가변길이 인코딩 방식 : 영문이외에 대부분 3byte이내
  - 대부분의 환경에서 가장 많이 사용하는 유니코드
- UTF-16
  - 영문자 2byte(16bit) 기반
  - 가변길이 인코딩 방식 : 영문이외에 글자는 2byte 또는 4byte
  - MS Compiler에서 사용하는 방식
  - Java기반의 환경에서 사용하는 유니코드
- UTF-32

  모든 글자를 4byte(32bit) 기반으로 처리

문자열(string)이란 1개 이상의 문자를 의미하는데, 문자열 데이터는 대부분의 프로그램에서 이중 인용부호("문자열")를 사용한다. 메모리에서 문자열의 마지막에는 문자열을 구분하기 위하여 널(NULL) 문자('\0')가 자동적으로 1Byte 추가된다. 문자열의 끝을 인식하여 이를

응용 하는데 널 문자가 자주 사용된다. 주의할 점은 빈 공 칸(스페이스 바)도 문자열에 포함되며 NULL문자는 아니라는 것이다.

참고로 Visual studio에서 유니코드 방식으로 문자열을 지정하는 경우에는 (L "문자열") 사용하고 멀티바이트로 표현하고자 할 때에는 그냥 "문자열 " 로만 사용하면 된다. 유니코드로 개발된 프로그램을 멀티바이트로 인식하려면 문자열의 표현 방식을 모두 수정해 주어야 하는데 이를 해결하는 방법이 문자열을 따옴표로 감싸고 유니코드에서 사용한 'L'대신 '_T'를 사용하게 되면 자동으로 코드가 변환이 되어 컴파일이 된다. 이 부분은 C++이후 C++응용 과정인 윈도우프로그래밍 과목에서 공부하기 권장한다.

문자열을 변수로 지정하는 방법은 크게 다음과 같이 4가지 방법이 있다.

① char 배열

② string class 함수   // C++ 추가 기능

③ string.h 함수

④ pointer

❶ char 배열을 사용하는 방법

배열을 이용하는 방법으로 NULL 문자를 고려하는데 문자가 저장되는 메모리 byte의 개수보다 1개 크게 배열의 개수를 설정하여 문자열을 저장하는 방법이다. 배열의 크기는 영문자를 포함한 ASCII 문자는 글자 x 1 byte의 크기를, UTF-8을 사용하는 일반적인 인터넷 프로그램에서는 한글은 (글자수 x 3)+1 byte의 메모리 크기를 지정하면 된다. 멀티코드 방식을 사용하는 Visual studio에서 한글은 (글자수 x 2)+1 byte의 메모리 크기를 지정해도 되므로 잘 모를 경우에는 배열의 크기를 지정하지 않고 프로그램에서 문자열에 할당된 메모리 크기를 파악할 수 있는 sizeof() 함수를 이용하기를 권한다. 다음 예제 2-4를 통해 char 배열을 이용하여 문자열을 처리하는 방법을 실행해보고 의미를 정리하자.

ex 2-5 char 배열을 이용한 문자열 처리

```
#include <iostream>
using namespace std;

 int main()
 {
   char strData1[6]="Korea";           // 의미 ? :
   char strData2[13]="우리나라";        // 의미 ? :
   char strData3[ ] ="김근식교수님";   // 의미 ? :
   cout<<"메모리크기="<<sizeof(strData1)<<", "<<strData1<<endl;
   cout<<"메모리크기="<<sizeof(strData2)<<", "<<strData2<<endl;
   cout<<"메모리크기="<<sizeof(strData3)<<", "<<strData3<<endl;

   strData1[0]='C';  // 의미 ?
   strData1[1]='A';
   strData1[2]='R';
   cout<<"메모리크기="<<sizeof(strData1)<<", "<<strData1<<endl;
   return 0;
 }
```

실행결과

```
메모리크기=6, Korea
메모리크기=13, 우리나라
메모리크기=19, 김근식교수님    //Visual studio 에서는 13
메모리크기=6, CARea
```

② string class를 사용하는 방법

c++의 std::string class 라이브러리는 문자열을 더욱 쉽게 사용할 수 있도록 다양한 함수들이 제공한다. 다음의 사용 예제를 통해 기본적인 의미를 살펴본다. c++ string class에는 문자를 다루는 데 매우 유용한 함수들이 상당수 포함되어 있으므로 각자 인터넷 검색어 "c++ string class"를 통해 추가로 학습한다.

ex 2-6 string class를 이용한 문자열 처리

```
#include <iostream>
#include <string>      // Visual studio는 컴파일러에 기본 내제되어 있어 생략 가능
using namespace std;

int main()
{
    string strData1="Korea";  // 객체 생성, class에서 설명
    cout<<"메모리크기="<<strData1.size()<<", "<<strData1<<endl;

    string strData2("대한민국");
    cout<<"메모리크기="<<strData2.length()<<", "<<strData2<<endl;

    strData1.replace(1,3,"Car");
    cout<<"메모리크기="<<strData1.size()<<", "<<strData1<<endl;

    cout<<"1,3번 위치 문자="<<strData1.at(1)<<", "<<strData1[3]<<endl;

    return 0;
}
```

실행결과

```
메모리크기=5, Korea
메모리크기=12, 대한민국    //Visual studio 에서는 8
메모리크기=5, KCara
1,3번 문자=C, r
```

위 예제에 사용한 C++ string class 함수의 기능은 다음과 같다.

- replace(n1, n2, 문자열) : 문자열 위치 n1에서 n2까지 문자열로 대체
- at(n1) : n1 위치의 문자를 가리킴, 변수명[n1]과 동일
- sizeof(), length() : NULL문자를 제외한 실제 메모리에 저장된 글자의 수를 반환하는 함수로 동일한 명령어이다.

③ string.h 함수를 사용하는 방법

c언어에서 제공된 string.h의 문자열 처리방법 중 기본적인 내용만 다룬다. 보다 자세한 사항은 인터넷 검색어 "c string.h"를 통해 추가로 학습한다. 문자열을 다루는 string class가 제시되면서 string.h의 기능을 사용하는 빈도는 줄었지만 그래도 유용한 몇가지 기능들이 있어서 살펴볼 만하다. 참고로 C++에서 #include 〈abcd.h〉는 #include 〈cabcd〉와 같이 c붙이고 .h 를 생략하여 사용할 수 있다. 따라서 #include 〈string.h〉는 #include 〈cstring〉으로 변경하여 사용하여도 무방하다. string.h에서 제공하는 함수중 가장 많이 사용하는 기능은 다음과 같다. 추가적인 기능은 인터넷 검색어 "c string.h"를 통해 자세한 기능을 공부하기 바란다.

- strcpy(문자열1, 상수 문자열2)
  - 원형 : char* strcpy(char* dest, const char* origin);
  - 의미 : 문자열1에 상수 문자열을 복사
- strcat(문자열1, 상수 문자열2)
  - 원형 : char* strcat(char* dest, const char* origin);
  - 문자열1 뒤쪽에 문자열2를 이어붙여 문자열1에 저장
- 단 Visual studio에선
  strcpy(,) --〉 strcpy_s(,)
  strcat(,) --〉 strcat_s(,)
  로 바꾸어 사용하여야 한다.

이 기능을 이용하는 예제를 예제 2-7에 보인다.

ex 2-7 string.h함수를 이용한 문자열 처리

```
#include <iostream>
#include <cstring>    //또는 #include <string.h>, Visula studio에서 생략가능
using namespace std;

int main()
{
    char strData1[]="대한민국";
    cout<<"메모리크기="<<sizeof(strData1)<<", "<<strData1<<endl;

    char strData2[6];
    strcpy(strData2, "Korea");
    cout<<"메모리크기="<<sizeof(strData2)<<", "<<strData2<<endl;

    char strData3[12]="Car";
    strcat(strData3, strData2);
    cout<<"메모리크기="<<sizeof(strData3)<<", "<<strData3<<endl;

    return 0;
}
```

실행결과

```
메모리크기=13, 대한민국      //Visual studio 에서는 9
메모리크기=6, Korea
메모리크기=12, CarKorea
```

④ pointer를 이용하는 방법

pointer 선언을 이용하여 문자열을 지정하는 경우에는 상수로 지정된 문자열을 사용하는 경우에 주로 사용한다. 문자열을 1차원 배열로 선언하는 방법과 비교하면 pointer로 문자열을 선언하면 배열의 차수가 1개 감소하는 특징을 가지고 있다.

ex 2-8 pointer를 이용한 상수 문자열 처리

```
#include <iostream>
#include <cstring>      //Visual studio 에서는 생략가능
using namespace std;

int main()
{
    const char *pstrData1="대한민국";
    cout<<"메모리크기="<<strlen(pstrData1)<<", "<<pstrData1<<endl;

    const char *pstrData2="Korea";
    cout<<"메모리크기="<<strlen(pstrData2)<<", "<<pstrData2<<endl;
    cout<<"2번째 문자="<<pstrData2[2]<<endl;

    return 0;
}
```

실행결과

```
메모리크기=12, 대한민국    //Visual studio 에서는 8
메모리크기=5, Korea
2번째 문자=r
```

2.6 연산자

C, C++에서 연산자란 데이터를 사칙 연산하는 것을 비롯해 데이터간에 비교는 물론 각 데이터 bit 단위의 연산을 통칭한다. 특히 하드웨어를 제어하는 마이크로프로세서에서는 bit 단위로 데이터를 이동시키거나 비교하는 기능이 있어서 하드웨어를 다루는 프로그래밍에서는 이러한 기능들을 숙지하면 매우 편리하게 사용할 수 있다. 이러한 연산자를 요약하면 다음과 같다.

연산자 | Keypoint

- **산술 연산자** : +, -, *, /, %, ++, --
- 대입 연산자 : =
- **관계 연산자** : 〈, 〈=, ==, 〉=, 〉, !=
- **bit 연산자** : ~ & |, ^, 〈〈, 〉〉
- **대입 할당 연산자** : +=, -=, *=, /=, %=, &=, |=, ^=, 〈〈=, 〉〉=
- **논리 연산자** : &&, ||, !

① 산술 연산자

사칙연산, 즉 더하기, 빼기, 곱하기, 나누기를 위한 연산자는 다음과 같다.

- +, - , *, / : 더하기, 빼기, 곱하기, 나누기
- ++, -- : 숫자 1 증감 연산자

  nA=10;

  nA++; // nA값은 11
- % : 정수/정수의 나머지

② 대입 연산자

- A = B ; // 데이터 B 값을 A에 저장하라!
  - nA = 10; (O) ☜ 10을 변수 a에 할당.
  - nB = nA + 10; (O)
  - nA = nB = nC = 10; (O)
  - nA + 10 = nB; (X)
  - 2 = nB; (X)

③ 관계 연산자

분기명령(if 등)이나 반복문(for, while 등)에서 조건을 검색할 때 조건이 성립하는지 혹은 성립하지 않는지를 판정하기 위한 명령어를 관계 연산자라고 한다. 관계 연산자는 수학에서 사용하는 방법과 거의 유사하다.

표 2-4 관계연산자

연산자	의미	사용예	의미	비고
>	초과	A>B	A가 B보다 큰가?	
<	미만	A<B	A가 B보다 작은가?	
==	동일	A==B	A가 B와 같은가?	
>=	이상	A>=B	A가 B보다 같거나 큰가?	A=>B (X)
<=	이하	A<=B	A가 B보다 같거나 작은가?	A=<B (X)
!=	같지 않다	A!=B	A가 B와 비교하여 다른가?	A=!B (X)

④ bit 연산자

2진수의 형태로 저장된 byte 단위의 데이터를 bit 단위로 좌우 이동시키거나 2개의 byte 단위의 데이터 간에 각각의 bit끼리 비교 연산 등을 수행하는 연산자이다. 한 예로 마이크로프로세서에서 8개의 led가 병렬로 특정 포트에 연결되어 있다면 "On" 되어 있는 LED를 하나씩 좌 또는 우로 이동시키고자 할 때 사용하거나 특정 bit들을 모두 0 또는 1의 데이터로 일괄 변환하거나 외부에서 디지털 센서값을 읽어올 때 또는 특정 bit의 값을 제거(masking)할 때 사용된다.

- shift 연산자

정수 값을 2진수로 변환하였을 때의 2진수 데이터 값을 좌측(<<) 혹은 우측(>>)방향을 주어진 비트 수만큼 이동시키는 것이다. 만약 데이터가 8bit 데이터라면 양끝단을 넘어서는 데이터는 손실되고 새로 추가되는 데이터는 0으로 채워진다.

표 2-5 shift 연산자

연산자	의미	사용 예	보충설명
<<	비트를 좌로 이동	B = A<<2;	A를 2비트 좌로 이동시켜 B에 대입한다.
>>	비트를 우로 이동	B = A>>2;	A를 2비트 우로 이동시켜 B에 대입한다.

예)

```
unsigned char A=150;
A=A<<2;
```

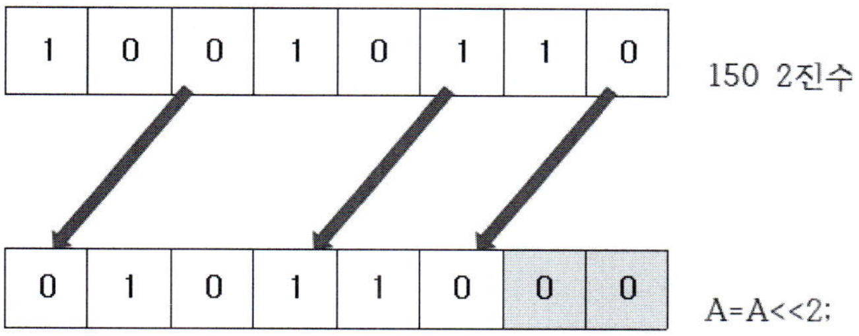

- &(AND), |(OR), ^(XOR) 연산자

& 연산자는 byte 단위의 두 데이터 간에 각각의 비트끼리 AND 연산하는 것을 말하고 | 연산자는 OR 연산하는 것을 말한다. ^연산자는 bit끼리 서로 다른지를 검사하는 XOR (Exclusive OR)연산자이다.

AND연산이란 모든 bit가 1인 경우에만 1의 결과를 보이며, OR 연산이란 2개의 bit중 어느 하나만이라도 1이면 1을 출력하는 것을 말한다. XOR 연산자는 bit끼리 다르면 1의 결과를 준다. C 프로그램에서는 이 AND 연산자는 특정 bit의 신호만 제거하고자(masking) 할 때 주로 사용한다. 8bit A의 변수값이 15(0x0F)라면 상위 4bit를 모두 제거하기 위해 사용한 예를 보인다. 임베디드 프로그래밍에서 많이 사용하는 연산자 중에 하나가 XOR 연산자인데 이를 이용하면 두 개의 디지털 신호 bit끼리 신호가 같은지 다른지를 비교할 때 사용할 수 있다.

예)

```
unsigned char A=0xC3;
unsigned char B=0x0F;
A=A & B;  // AND연산
A=A | B;   // OR연산
A=A ^ B;   // XOR연산
```

	10진수	2진수
A	195	11000011
B	15	00001111
&		00000011

	10진수	2진수
A	195	11000011
B	15	00001111
|		11001111

	10진수	2진수
A	195	11000011
B	15	00001111
^		11001100

- **~(보수) 연산자**

  임베디드 프로그래밍에서 하드웨어 특성에 따라 0을 1로 혹은 1을 0으로 바꾸어 인식하거나 출력할 필요가 있다. 이때 사용하는 연산자를 1의 보수 연산자라 하는데 이는 정수값을 2진수로 변환하였을 때 각 비트마다 1은 0으로 0은 1로 바꾸어 주는 연산자를 말하며 형식은 변수 앞에 tilde(~)를 붙이면 된다. 아래의 예제를 통해 직관적으로 보수 연산자의 기능을 익힌다.

```
A    11000011 (195)
---------------------
~A   00111100 (60)
```

⑤ 대입 할당 연산자

대입 할당 연산자는 연산하는 기능과 대입하는 기능을 동시에 할 수 있는 연산자를 말하며 종류는 +=, -=, *=, /=, %=, &=, |=, ·=, 〈〈=, 〉〉= 등이 있다. 이들의 기능을 표2-6.에 정리하였다.

표 2-6 대입 할당 연산자

연산자	의미	사용법	동일한 표현
+= -= *= /=	좌변의 변수와 우변의 변수를 **먼저 +-*/** 하고 이를 좌변의 변수에 대입한다.	A += B; A -= B; A *= B; A /= B;	A = A + B A = A - B A = A * B A = A / B
%=	좌변의 변수에서 우변의 변수를 **먼저 나눈 후 그 나머지**를 좌변의 변수에 대입한다.	A %= B;	A = A % B
《= 》=	좌변의 변수를 우변의 수만큼 **좌측 또는 우측**으로 이동한 것을 좌변의 변수에 대입한다.	A 《= B; A 》= B;	A = A 《 B A = A 》 B
&= |= ^=	좌변의 변수와 우변의 변수를 **AND, OR, XOR bit 연산**하여 좌변에 대입한다.	A &= B; A |= B; A ^= B;	A = A & B A = A | B A = A ^ B

⑥ 논리 연산자

한편 관계 연산자와 병행하여 분기명령(if 등)이나 반복문(for, while 등)에서 다수의 조건을 검색하는데 사용되는 연산자를 논리 연산자라고 부른다, 이는 비트 연산자와 혼동이 생길 수 있으므로 주의하여야 한다.

표 2-7 논리 연산자

논리연산자 예	논리 연산자 설명
A〉10 && B〉20	A〉10이고 B〉20인지 판단, 참이면 1
A〉10 || B〉20	A〉10이거나 B〉20인지 판단, 거짓이면 0
!A	A 참(0이 아닌 값)이면 결과는 거짓(0) A 거짓(0)이면 결과는 참(1)

지금까지 살펴본 연산자가 여러 개일 때 우선순위(먼저 계산되는 것을 말함)는 다음과 같다.

① 괄호( ) 안의 내용이 먼저 처리된다.

② 좌측에서 우측으로 수행된다. 즉, 좌측이 우선한다.

연산자의 위치에 따른 우선순위를 요약하면 다음과 같다.

표 2-8 연산자 우선순위

연산자의 종류	연산자	우선순위
괄호, 구조체	( ), [ ], -〉, .	1
단항	!, ~, ++, --, -, &, *,size of	2
산 술	*, /, %, +, -	3 4
이 동	〉〉, 〈〈	5
관계	〈, 〈=, 〉, 〉=, ==, !=	6
비트 논리	& ^ |	7
논 리	&& ||	8

2.7 제어문(if, switch)

프로그램이 순서대로 실행되는 도중에 조건에 따라 특정 문장을 선택적으로 실행하고 싶을 때 사용하는 명령을 제어문(Control Statement) 또는 조건문이라고 부른다. 조건문에는 if-else, switch() 함수가 있으며 부수적으로 break, continue, return과 같은 분기 명령이 있다. C 언어에서 지원하고 있는 제어문은 다음과 같다.

① if, if-else문

```
if ( 조건식 )
{
    실행문-1 ;    //조건이 참이면 실행
    실행문-2 ;
        :
}
실행문-p ;
```

```
if ( 조건식 )
{
     실행문-p1 ;    //조건이 참이면 실행
     실행문-p2 ;
        :
}
else
{
     실행문-q1 ;    //조건이 거짓이면 실행
     실행문-q2 ;
}
```

다음의 예제 2-9는 정수값을 키보드로부터 입력받아 그 값이 0 보다 크면 그 값에 10을 더하고 그렇지 않으면 10을 빼는 프로그램이다. 이 프로그램을 실행하면서 if-else 제어문의 기능을 복습한다.

ex 2-9 if-else 제어문

```
#include <iostream>
using namespace std;

int main()
{
    int nA, nB, nC;
    cout<< "값을 입력하세요 : ";
    cin>>nA;
    cout<<"입력값 = "<<nA<<endl;
    if ( nA>0 )
    {
        nB = nA + 10;
        cout<<nA<<" + 10 = "<<nB<<endl;
    }
    else
    {
        nC = nA - 10;
        cout<<nA<<" - 10 = "<<nC<<endl;
    }
   return 0;
}
```

실행결과

```
값을 입력하세요 : 80

입력값 = 80
80 + 10 = 90

입력값 = -100
-100 - 10 = -110
```

② if-else if 문

다음은 조건을 여러 번 검색하는 경우를 살펴보자. 여기 다섯 명의 학생이 있다고 가정하자. 그중 오른쪽에서 세 번째 학생의 이름이 "홍길동"이라면 오른쪽부터 호명하여 "자네가 홍길동인가? " 라고 물으면 "아니오"라고 대답할 것이고 다시 두 번째 학생에게 반복하여 질문하면 또 "아니오"라고 대답할 것이며, 세 번째 학생에게 같은 질문을 반복하면 "예"라고 대답할 것이다. 우리는 더 이상 네 번째 학생과 다섯 번째 학생에게 반복으로 같은 질문을 물어볼 필요가 없다. 이와같이 반복해서 조건을 검색하여 '참'일 때까지 재 반복하여 검색하는 경우에는 else if문을 연속해서 사용한다.

```
if ( 조건식-1 )
{
      실행문-1 ;      // 조건식-1이 참이면 실행 그리고 실행문-Z로
}
else if( 조건식-2 )
{
      실행문-2 ;     // 조건식-1이 거짓이고 조건식-2가 참이면 실행 그리고
                     //  실행문-Z로
}
  :
  :
else if( 조건식-n )
{
      실행문-n ;  // 위 조건식이 모두 거짓이고 조건식-n이 참이면 실행 그리고
                  // 실행문-Z로
}
else
{
      실행문-p ; // 위 조건식이 모두 거짓이면 실행 그리고 실행문-Z로
}

실행문-Z;
```

if 형식에서 조건식-1이 참이면 실행문-1이 수행되고 실행문-Z로 가며, 조건식-1이 거짓이면 조건식-2의 조건을 다시 판별한다. 조건식-2의 조건이 참이면 실행문-2가 수행되고 되고 실행문-Z로 간다. 이때 조건식들이 계속해서 만족하지 않으면 연속해서 조건을 판단하게 된다. 최종 어느 경우의 조건도 성립하지 않으면 마지막 else 문장이 동작하게 된다. if-else if()를 통해 모든 조건을 검색하여 만족하는 경우가 없으면 무조건 실행하는 마지막 else 문장은 프로그램의 상황에 따라 생략이 가능하다.

이상의 경우에서 우리가 주의할 사항은 if-else 조건문에서 각각의 실행문이 1개일 경우에는 다음과 같이 { }를 생략해도 좋다.

```
if ( 조건식 )        실행문-p1 ;
else
{
      실행문-q1 ;
      실행문-q2 ;
}
```

다음 예제는 성적의 결과를 학점으로 표현할 때 자주 사용하는 예제이다. 성적이 90점 이상이면 A 학점이고, 80 이상이면 B학점, 70 이상이면 C학점, 60점 이상이면 D학점, 그렇지 않으면 F학점으로 출력하는 프로그램을 작성해보자.

ex 2-10 if-else if 제어문

```
#include <iostream>
using namespace std;

int main()
{
    int nScore;
    char chLevel;
    cout<< "점수를 입력하세요 : ";
    cin>>nScore;
    cout<<"점수 = "<<nScore<<endl;

    if ( nScore >= 90) chLevel ='A';
    else if ( nScore >= 80) chLevel ='B';
    else if ( nScore >= 70) chLevel ='C';
    else if ( nScore >= 60) chLevel ='D';
    else  chLevel ='F';

    cout<<nScore<<"는 "<<chLevel<<"학점입니다\n";
    return 0;
}
```

실행결과

점수를 입력하세요 : 85 엔터

점수 = 85
85는 B학점입니다

③ switch-case 문

if( )문은 조건식에 따라 참과 거짓을 판단하여 프로그램 실행을 분기시키지만, switch~case 문은 조건을 검색하는 것이 아니라 switch가 지정하는 case문을 찾아서 실행되도록 분기하는 방법으로 일반 형식은 다음과 같다.

```
switch( 변수 )
{
    case 변수값-1 :  실행문-1 ;  break ;
    case 변수값-2 :  실행문-2 ;  break ;
                          :
    case 변수값-n :  실행문-n ;  break ;
    default :          실행문-p ;
}
```

switch(변수) 문에서 변수 데이터에 일치하는 case문을 찾아 해당 실행문 이하를 실행하는 제어문이다 .switch() 문의 특징과 프로그램 tip은 다음과 같다.

switch() | Keypoint

- switch(변수) : 조건 변수의 값은 **정수형 데이터 또는 문자**
- switch(변수)에서 변수의 값과 case문에서의 변수값이 일치하는 **실행문을 실행하고 이하 전체 실행문도 실행**하게 된다. 즉 대응하는 case 문장부터 이하 실행문은 모두 실행한다.
- 이하 프로그램을 실행하다가 break 문을 만나면 switch 문을 탈출한다.
- 만일 switch() 조건의 변수의 값과 일치하는 case 변수값이 없으면, default에 해당하는 문장을 실행.
- default 문이 필요 없을 때는 생략해도 좋다.
- case 문에서는 실행문이 여러 개라 하더라도 중괄호{ }를 사용하지 않아도 좋다. 변수값은 수식의 결과가 정수이거나 혹은 문자 1개인 경우도 적용된다.
- case 문에 대응하는 실행문이 긴 경우는 다음 줄에 이어서 작성한다.

키보드로부터 0에서 9까지 숫자를 입력받아 입력된 숫자에 따라 실행하는 프로그램을 switch-case문을 이용하여 작성해보자.

ex 2-11 switch-case 제어문

```
#include <iostream>
using namespace std;

int main()
{
    int nNumber;
    cout<< "0에서 5까지 숫자를 입력하세요 : ";
    cin>>nNumber;
    cout<<"input value = "<<nNumber<<endl;

    switch(nNumber)
    {
        case 0 : cout<<"0. 미래의 자동차 산업은\n";
        case 1 : cout<<"1. 지능제어 기술이 지배합니다\n";
        case 2 : cout<<"2. 꿈이 있는 젊은이가\n";
        case 3 : cout<<"3. 우리나라의 미래입니다.\n";
        default : cout<<"4. 모두 화이팅해요.\n";
    }
    return 0;
}
```

실행결과

```
0에서 9까지 숫자를 입력하세요 : 2 엔터

input value = 2
2. 꿈이 있는 젊은이가
3. 우리나라의 미래입니다.
4. 모두 화이팅해요.
```

예제 2-11의 프로그램을 다음과 같이 변경하여 반복하여 실행해보고 break의 의미를 정리해보자.

```
case 0 : cout<<"0. 미래의 자동차 산업은\n";          break;
case 1 : cout<<"1. 지능제어기술이 지배합니다\n";   break;
case 2 : cout<<"2. 꿈이 있는 젊은이가\n";
case 3 : cout<<"3. 우리나라의 미래입니다.\n";
default : cout<<"4. 모두 화이팅해요.\n";
```

2.8 반복문(while, do-while, for)

프로그램에서 주어진 조건이 만족(true)되는 동안은 해당 실행문을 무한히 반복하여 실행하고자 할 때 사용하는 명령어를 반복문이라고 부른다. 반복문에는 while( )문, do~while( )문 그리고 for( )문 등이 있다.

① while( ), do-while( )문

while(조건) 문은 조건이 참일 때 while( ) { 실행문 }으로 표현되는 실행문들이 차례로 실행하고 다시 조건을 검색한다. 물론 실행 문장이 하나인 경우에는 { }를 생략해도 좋다. 조건이 거짓이면 while( ) 문을 빠져나간다.

do~while(조건); 문은 do 아래 { }로 둘러싼 문장을 무조건 실행한다. 그리고 while(조건) 문에서 조건을 검색하여 조건이 만족되면 다시 { }로 둘러싼 문장을 반복 실행하며, 거짓이면 반복문을 빠져나온다. 이 문장은 최소한 한 번은 실행하게 된다. 일반적인 while( ), do-while( ) 기능은 다음과 같다.

while(), do-while() 반복문 | Keypoint

- while(조건) 반복문 형식

```
while ( 조건 )
{
        실행문-p1 ;
            :
        실행문-pn ;
}
```

- do-while(조건) 반복문 형식

```
do
{
        실행문-p1 ;
            :
        실행문-pn ;
}while ( 조건 );
```

- while(조건) 참일 때 {   } 문장 실행,
- 조건 : 참(true)이거나 0이 아닌 값

예제를 통해 while(), do-while() 반복문의 기능을 복습한다. 예제 2-12에서는 변수의 값을 증가시켜가면서 변수값이 6 이하일 때는 실행문을 반복 실행하고 6을 초과하면 경우에는 반복문을 빠져나오는 예제이다.

ex 2-12 while() 반복문

```
#include <iostream>
using namespace std;

int main()
{
    int nNumber=0;

    while(nNumber<6)
    {
        cout<<"변수 값="<<nNumber<<endl;
        nNumber++;
    }
    cout<<"Goog by!!\n";
    return 0;
}
```

실행결과

```
변수 값=0
변수 값=1
변수 값=2
변수 값=3
변수 값=4
변수 값=5
Good by!!
```

예제 2-13은 do-while() 실행문을 먼저 실행하고 조건을 검색하는 프로그램의 한 예이다.

ex 2-13 do-while() 반복문

```
#include <iostream>
using namespace std;

int main()
{
    int nNumber=10;

    do
    {
        cout<<"변수 값="<<nNumber<<endl;
        nNumber++;
    }
    while(nNumber<6);
    cout<<"Good by!!\n";
}
```

실행결과

```
변수 값=10
Good by!!
```

마이크로프로세서에서 while( )문을 사용하는 중요한 예 중의 하나는 외부에서 통신 데이터를 입력받을 때이다. 전송된 데이터가 주어진 조건을 만족하지 않는 조건이 성립할 때까지 반복적으로 데이터 입력을 받는 동작을 한다. 즉 대기상태로 동작하게 하고 입력된 데이터가 조건과 일치하면 다음 문장으로 넘어 가도록하는 경우에 빈번히 사용된다.

```
int main()
{
  :
  while(조건식);            //조건이 거짓일 때까지 조건 검색만 반복
  :
}
```

또한 마이크로프로세서 Firmware 프로그램을 코딩할 때 main()에서는 항상 무한 반복문을 구현하여야 한다. 또한 Arduino sketch 프로그램에서도 반복루프 loop() 함수가 제공되지만, loop() 함수내에서 초기에 선언된 변수들이 늘 초기화되기 때문에 변수 값들을 활용하는데 있어서 문제를 일으킬 수 있다. 이를 해소하는 방법이 while()문을 이용하여 무한 반복문의 뼈대를 만들어 사용하면 매우 편리하다. 다음에 각각의 사용법을 보였다.

```
//마이크로프로세서 main()문
int main()
{
  변수선언;
  초기화 실행;
  :
  while(1)      // 무한반복
   {
     실행문1
     실행문2
  }
}
```

```
//Arduino sketch loop()문
void loop()
{
  변수선언;
  초기화 실행;
  :
  while(1)      // 무한반복
   {
     실행문1
     실행문2
  }
}
```

참고로 while(1); 명령은 프로그램을 코딩하고 특정 위치까지만 디버깅하고자 할 때 유용하게 사용하는 방법은 다음과 같다. 이는 while(1); 명령은 항상 참이므로 이하 문장으로 빠져나가지 못하므로 프로그램을 멈추게 하는 효과를 얻을 수 있다.

```
int main()
{
  :
  while(1);            // 절차적으로 여기까지만 동작
  :
}
```

② for( )문

C, C++ 혹은 MFC 등 윈도우프로그래밍에서 가장 많이 사용하는 반복문은 for( ) 명령이므로 정확히 숙지하고 있어야 한다. for( )문의 일반적인 기능은 다음과 같다.

for() 반복문 | Keypoint

• for() 반복문 형식

```
for( 초기값① ; 조건식② ; 증감분③ )
{
    실행문-1 ;
    실행문-2 ;
        :
    실행문-n ;
}
```

① 초기값으로 조건식을 검색하며,
② 조건식의 결과가 참이면[**0이 아니면**],
{ }로 둘러싼 실행문을 실행하고
거짓이면 for() 실행문을 빠져나온다.
③ 증감분 만큼 초기 값을 변경시키고 ②의 과정을 반복한다.

C++ 에서는 배열데이터에 대하여 python 언어와 같은 range 기능을 제공하는데 상세한 내용은 3장 배열 편에서 다룬다.

참고로 for( )반복문에서 while(1)과 같은 무한 반복문은 for(;;;)로 구현할 수 있다. 1부터 5까지 순서대로 더하는 경우와 5부터 1까지 홀 수 값만 더하는 다음 예제를 통해 for()의 기능을 복습하기로 한다.

ex 2-14 for() 반복문 - I

```
#include <iostream>
#include <string>
using namespace std;

int main()
{
    int n, nSum=0;
    for ( n = 1; n <6; n++)
    {
        nSum+=n;
        cout << "1부터 " + to_string(n) + "까지 합은 = "<<nSum<<endl;
    }
    return 0;
}
```

실행결과

```
1부터 1까지 합은 =1
1부터 2까지 합은 =3
1부터 3까지 합은 =6
1부터 4까지 합은 =10
1부터 5까지 합은 =15
```

위 프로그램에서 to_string(정수)는 정수를 문자 정수로 바꾸어 주는 string class 멤버함수이다.

ex 2-14 for() 반복문 - 2

```
#include <iostream>
#include <string>
using namespace std;

int main()
{
    int n, nSum=0;
    for ( n = 5; n >0; n-=2)
    {
        nSum+=n;
        cout << "5부터 " + to_string(n) + "까지 합은 = "<<nSum<<endl;
    }
}
```

실행결과

```
5부터 5까지 합은 =5
5부터 3까지 합은 =8
5부터 1까지 합은 =9
```

③ 분기 명령

for(), while( )문과 같은 반복문에서 break나 return 명령을 만나면 반복문을 빠져나가고, continue문을 만나면 continue 이하 문장을 실행하지 않고 반복문의 처음 조건을 다시 실행한다. break문은 { } 실행문 내에서 빠져나가지만, return을 만나면 함수 자체를 빠져 나간다. 이상을 도시하면 다음과 같다.

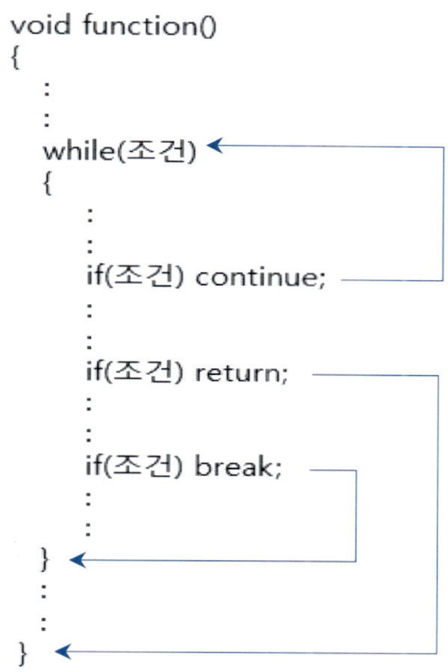

예제를 통해 반복문의 분기명령을 이해하기 위하여 for(), while()문과 같은 반복문에 적용해보기로 한다.

ex 2-15 분기 조건문

```
#include <iostream>
#include <string>
using namespace std;

int main()
{
    int n, nSum=0;
    for (n = 1; n <10; n++)
    {
        if(n>6)   break;                  // (1)
        if(n%2==1)     continue;          // (2)

        nSum+=n;
        cout << "1부터 "+ to_string(n)+ "까지 짝수 합은 =" << nSum << endl;
    }
    while(n>0)
    {
        int nProduct=n*10;
        cout<<n<<" x 10 ="<<nProduct<<endl;
        if(n<6) return 0;                // (3)
        n--;
    }

    cout<<"Finish\n";                 // (3)번에 의해 실행되지 못함
    return 0;
}
```

실행결과

```
1부터 2까지 짝수 합은 =2
1부터 4까지 짝수 합은 =6
1부터 6까지 짝수 합은 =12
7 x 10 =70
6 x 10 =60
5 x 10 =50
```

예제 2-15에서 break, return, continue 문장을 만나면 각각 반복문이 어떻게 동작하는지에 대한 세부 설명은 다음과 같다.

(1) n=7 이 되면 for() 탈출하여 while( ) 으로 이어짐,

(2) 홀수이면 이하 문자 반복 없이 for()으로 다시 반복

(3) n=5 가 되면 main() 함수를 빠져나감

3

포인터와 배열

3 포인터와 배열

일반적으로 변수나 상수를 선언하고 데이터를 입력하면 데이터가 메모리에 저장된다. 이때 데이터 관리를 위하여 메모리에 일련의 번호가 부여되는데 이러한 일련의 부여된 번호를 **주소**라고 하고 한다. 여기서 데이터가 저장된 시작 위치의 주소 정보를 알고 싶으면 변수명 앞에 주소연산자 **&**(ampersand) 붙여줌으로써 해당 메모리의 주소를 알 수 있다. C 언어에서 & 연산자는 주소 정보 뿐만 아니라 추가로 몇 가지 기능에 사용된다. 다음에 & 연산자에 대한 기능을 요약정리하였으니 매우 중요한 부분이므로 기억하기 바란다.

& 연산자 | Keypoint

- **주소 연산자** : 변수 데이터가 저장된 메모리 주소(&변수명)
- **참조자**(reference) : 실제 변수이름 대신에 또 다른 이름 선언(별명), 같은 위치의 메모리 위치를 참조

```
int a=10;
int &b=a;        // a와 b의 값은 동일한 10
```

- **bit연산**(AND) : &
- **논리연산**(AND) : &&

같은 개념으로 메모리에 데이터가 입력된 주소를 다루는 또 다른 방법이 **포인터(pointer)**인데 포인터의 기본 개념은 변수에 데이터를 저장하는 것이 아니라 데이터가 저장된 주소를 저장하여 관리하고 이 주소를 활용하는 방법이다. 이 포인터는 변수명 앞 혹은 자료형 뒤에 포인터 기호 * 붙여준다.

한편 같은 이름을 갖는 여러 개의 변수를 하나의 통합된 묶음으로 관리할 필요가 있을 때 편리하게 사용하는 방법이 배열이다. 본 장에서는 새로운 주소개념의 포인터와 여러 개의 변수를 하나로 묶는 배열 그리고 배열과 포인터의 관계를 살펴보기로 한다.

3.1 포인터(pointer)

포인터는 일반적인 자료형과는 다르게 변수의 주소를 저장하기 위하여 사용한다. 따라서 포인터 변수에 저장된 값은 변수의 값이 아니라 실제 데이터가 메모리에 저장된 주소이다. 포인터를 사용함으로써 C 언어는 강력하게 데이터를 처리할 수 있는 능력을 갖게 된다. 예를 들면, 메모리에 저장된 데이터를 개별 데이터가 아닌 데이터 묶음을 주소를 통해 쉽게 접근하여 읽기 쓰기를 할 필요가 종종 있다. 이 경우에 주로 사용하는 포인터의 개념은 복잡하다고 생각이 될 수 있지만 이해만 잘하면 프로그램을 작성할 때 고급 프로그램화 할 수 있다는 장점이 있다. 또한, 부주의한 포인터의 이용은 혼란을 가져오기 때문에 동작 원리를 잘 이해하고 절제하여 사용하여야 한다. 요약하면 포인터에 저장되어 있는 값은 실제의 데이터 값이 아니라 실제 데이터가 저장되어 있는 메모리의 주소를 가리킨다. 즉, 실제 데이터가 저장되어 있는 번지를 기억하는 데 사용하는 변수를 포인터 변수라고 한다.

일반적인 변수의 주소를 알고 싶을 경우 "&"를 변수 명 앞에 사용하여 데이터가 저장되어 있는 메모리의 주소를 찾아 낼 수 있는 반면, 포인터 변수는 저장되어 있는 값이 실제 데이터가 아니라 데이터가 저장되어 있는 주소임을 다시한 번 상기하자. 포인터 변수를 선언하는 방법은 다음과 같다.

pointer | Keypoint

- pointer 선언 기본형식

  자료형 *포인터명;

  포인터명 = address;

  또는

  자료형 *포인터명= address;

  또는

  자료형 *포인터명=new 자료형 //C++ 추가 기능

- **포인터 선언 변수 해석**
  - 주소 : 포인터 변수명
  - 주소가 가르치는 메모리의 역참조 데이터 : *포인터명

포인터 형식에서 자료형은 포인터 변수가 가리키는 자료형이어야 하며, 포인터명은 포인터 변수명이고, 앞의 "*"를 붙여 사용한다.

좀더 자세히 설명하면

```
int *pData;
pData=주소 입력;
*pData=정수 데이터;    //역참조(포인터가 가르키는 메모리의 실제 데이터)
```

와 같이 선언하고 사용하며, 이는 다음과 같이 줄여서 사용할 수 있다.

```
int *pData=주소 입력;
*pData=정수 데이터;
```

C++에서 새롭게 추가된 new 연산자를 이용하면 컴퓨터가 자동으로 주소를 할당해준다.

```
int *pData=new int;
*pData=  정수 데이터;    //역참조
또는
int *pData=new int(정수 데이터);  // 데이터 초기화
```

일반적으로 포인터로 선언하는 경우에는 주소를 반드시 할당하고 데이터를 저장하여야 한다. 다음 예제를 통해 주소연산자(&)와 포인터와의 관계를 살펴보기로 한다. 프로그램 실행 결과에 나오는 주소는 PC마다 사용하는 시간마다 메모리 상태에 따라 다를 수 있다.

ex 3-1 포인터

```
#include <iostream>
using namespace std;

int main()
{
    int nData=100;
    cout<<"address= "<<&nData<<", Data="<<nData<<endl;

    int *pData1=&nData;
    cout<<"address= "<<pData1<<", Data="<<*pData1<<endl;

    int *pData2;
    pData2=&nData;

    *pData2=200;
    cout<<"address= "<<pData2<<", Data="<<*pData2<<endl;

    int* pData3=new int;
    *pData3 = 300;
    cout << "address= " << pData3 << ", Data=" << *pData3 << endl;

    int* pData4 = new int(400);
    cout << "address= " << pData4 << ", Data=" << *pData4 << endl;
    return 0;
}
```

실행결과

```
address= 000000F5D4AFF944, Data=100
address= 000000F5D4AFF944, Data=100
address= 000000F5D4AFF944, Data=200
address= 0000026E79B36A30, Data=300
address= 0000026E79B36AF0, Data=400
```

예제3-1에서 살펴보듯이 출력된 결과의 주소는 모두 nData가 저장된 메모리의 주소를 동일하게 가리키고 있음을 알 수 있다. 또한 포인터에서 *pData는 역참조라고 부르며 포인터가 가르키는 실제 데이터 값이 되고 pData는 그 자체가 주소라는 것을 알 수 있다. 따라서 변수 nData데 대한 주소의 표현은 &nData이고 pData는 주소를 의미하므로 pData=&nData가 성립되며, 그 결과 주소인 pData와 nData의 주소와 일치하게 된다. 또한, *pData는 nData의 주소가 가리키는 곳의 데이터인 역참조이다. 여기서 한가지! 포인터로 선언된 변수는 반드시 프로그램 내에서 반드시 초기화하여야 한다.

그렇다면 포인터는 어떤 경우에 사용할까? 해답은 바로 이어지는 배열과 함수 편에서 방대한 양의 데이터를 다룰 때 유용하게 응용될 예정이므로 해당 단원에서 더욱더 자세히 다루기로 한다.

C++에서 new를 사용하여 포인터를 선언하는 일반적인 방법은 3.5절 동적 메모리할당에서 보다 더 자세히 학습할 예정이다.

3.2 배열(Array)

배열은 같은 이름을 갖는 여러 개의 변수를 하나의 통합된 묶음으로 관리할 때 사용하는 편리한 방법이다. 따라서 일단 배열이 선언되면 배열에서 선언된 개 수만큼의 기억장소가 주 메모리에서 자동으로 할당된다. 배열은 개별적인 자료를 기억할 수 있는 장소 즉, 배열 원소(Element)들로 구성되고, 이들을 구별하는 일련의 번호(Index)를 사용한다. 일련의 번호는 **반드시 0부터 시작하며, 선언된 배열의 개 수보다 하나 작은 수까지**이다. 또한 배열은 선언되는 자료형에 따라 할당되는 메모리의 Byte 수도 달라진다. 예를 들어 자료형이 "char"로 선언되고 개수가 10개인 경우 기억장소는 10Byte의 메모리가 할당되고, 자료형이 "int"는 기본적으로 32 Bit 이상 운영체제에서는 4Byte이므로 40bytes가 기억장소에 연속적으로 할당된다. 배열도 다른 자료형 선언과 마찬가지로 프로그램에서 사용되기 전에 미리 선언되어있어야 컴퓨터가 해당하는 기억장소를 미리 할당하여 확보한다.

❶ 1차원 배열(One Dimensional Array)

1차원 배열은 N개의 데이터가 같은 배열명으로 이루어지는데, 데이터 전체 이름을 나타내는 배열명과 배열명 다음에 오는 "[ ]" 안에 원소의 개수를 숫자로 표현하는 부분으로 구성된다. 즉 1차원 배열은 같은 자료형 데이터를 1차원으로 선언한 것이다.

```
자료형   변수명[개수];
배열 초기화 예
① int   nValue[4]={100,200,300,1000};
② int   nValue[ ]={100,200,300,1000};     //자동으로 4개의 메모리 공간 지정
③ int   nValue[4];
   nValue[0]=100; nValue[1]= 200;
   nValue[2]=300; nValue[3]=1000;
```

예제를 통해 1차원 배열의 선언과 초기화, 각각의 배열요소에 대한 데이터 수정, 수정된 데이터의 출력, 수정된 데이터에 대한 짝수와 홀수로 분별하여 합산하는 프로그램을 통해 1차원 배열을 사용하는 방법을 익힌다.

ex 3-2 1차원 배열 데이터 처리

```
#include <iostream>
#include <string>
using namespace std;

#define SIZE 6
int main()
{
    int nData[SIZE] = {3, 6, 2, 5, 4, 1};
    int nEvenSum = 0, nOddSum = 0;
    int i;
    for (i = 0; i < SIZE; i++)
    {
        nData[i] = nData[i] + 10;
        cout <<"nData["+ to_string(i)+"] = " << nData[i] << endl;
    }
    for (i = 0; i < SIZE; i++)
    {
        if (nData[i] % 2)      nOddSum += nData[i];  // 홀수를 더하기
        else    nEvenSum += nData[i];                // !(nData[i] % 2)
    }
    cout << "짝수 더하기 = " << nEvenSum << endl;
    cout << "홀수 더하기 = " << nOddSum << endl;
    return 0;
}
```

실행결과

```
nData[0] = 13
nData[1] = 16
nData[2] = 12
nData[3] = 15
nData[4] = 14
nData[5] = 11
짝수 더하기 = 42
홀수 더하기 = 39
```

프로그램이 어느 정도 익숙 해지다 보면 어떻게 하면 프로그램을 효율적으로 버그(bug) 없이 작성하여 목표를 달성할 수 있을까 생각한다. 이때 체계적으로 목표를 달성하도록 하는 방법을 알고리즘이라고 한다. 예를 들어 임의의 숫자들을 오름차순으로 정리하고자 한다면 데이터를 오름차순으로 정리하는 방법을 고안하여 프로그램에 반영하여야 한다. 오름차순 정렬하기 위한 알고리즘을 생각해보자.

- 첫 번째 값을 나머지 모든 값과 비교하여 현재 값이 가장 크면 현재값의 위치를 바꾼다.
- 두 번째 값을 세 번째 이하 값과 비교하여 상기 과정을 반복한다.
- 반복해서 나머지를 실행한다.

위 알고리즘을 토대로 예제 3-2에서 주어진 데이터를 가지고 오름차순 정렬 프로그램을 예제 3-3과 같이 보였다. 이를 바탕으로 반대로 내림차순 정렬에 대하여도 알고리즘을 작성하고 알고리즘에 따라 프로그래밍 해 본다.

② 2차원 배열(Two Dimensional Array)

1차원 배열이 1층짜리 교실을 연상하는 것이라면 2차원 배열은 다층의 교실과 같은 개념이다. 다시 말해 1층은 1학년이 2층은 2학년이 3층은 3학년이 사용한다고 생각하면 된다. 다만 배열에서는 1층이 아니고 0층부터 시작하고, 1반부터 시작하는 것이 아니고 0반부터 시작하는 것만 다르다.

자료형 배열명 [크기1] [크기2]
- 크기1은 행(Row)의 수, 크기2는 열(Column)의 수
- 기억장소의 총 개수는 크기1과 크기 2를 곱한 값 즉 행의 수와 열의 수를 곱하면 총 요소의 개수.

ex 3-3 1차원 배열을 이용한 오름차순 정렬

```
#include <iostream>
using namespace std;

#define SIZE 6
int main()
{
    int nData[SIZE]={3,6,2,5,4,1};
    int i, j, nTemp;

    cout<<"초기 데이터값 : ";
    for(i=0; i<SIZE; i++) cout<<nData[i]<<",";
    cout<<"\n";

    for( i=0; i<SIZE-1; i++ )
            for( j=i+1; j<SIZE; j++)
            {
                  if(nData[i] > nData[j])
                  {
                          nTemp = nData[i];
                          nData[i] = nData[j];
                          nData[j] = nTemp;
                  }
   }
            cout<<"오름차순 정렬 : ";
   for(i=0; i<SIZE;i++) cout<<nData[i]<<",";
   return 0;
}
```

실행결과

초기 데이터값 : 3,6,2,5,4,1,
오름차순 정렬 : 1,2,3,4,5,6,

3.3 범위 기반 for()문과 배열

배열로 선언된 데이터를 처리할 때 for 반복문을 사용하는 경우, python 언어에서 적용하는 배열(list) 요소값을 차례로 처리하는 기능이 C++ 에서도 제공된다. 이를 범위 기반 for 문 (range-based for statement)이라 부르며 형식은 다음과 같다.

range 기반 for() 문 | Keypoint

- **배열 데이터가 차례로 지정한 변수에 복사**
- **형식**

1. **순차 복사형** : 배열 요소 데이터가 차례대로 복사

```
for(자료형 변수명 : 배열명)
{
    변수명 이용;
}
예)
int nData[4]={10,20,30,40}
for(int k : nData)   cout<<k;      //  출력 10,20,30,40
```

2. **순차 참조형** : 배열 요소 데이터가 차례대로 참조자로 이용

```
for(자료형& 변수명 : 배열명)
{
    변수명 이용;
}
예)
int nData[4]={10,20,30,40}
for(int& k : nData)   cout<<k;      //  출력 10,20,30,40
```

이에 대한 예제를 예제 3-4에 다루었다.

ex 3-4 배열과 for 반복문

```
#include <iostream>
using namespace std;

int main()
{
    int nData[]={3,6,2,5};

    for(int i=0; i<4; i++)  cout <<nData[i];          // (1)
    cout<<"\n"<<"----------\n";

    for(int nValue:nData)   cout <<nValue;        // (2)
    cout<<"\n"<<"----------\n";

    for(auto nValue:nData)   cout <<nValue;    // (3)
    cout<<"\n"<<"----------\n";

    for(auto &nValue:nData)   cout <<nValue;  // (4)
    return 0;
}
```

실행결과

```
3625
----------
3625
----------
3625
----------
3625
```

예제 3-4에서 for() 문장을 이용하여 배열을 다루는 예제의 상세 설명은 다음과 같다.

(1) 일반적인 for( ) 반복문

(2) nData[0] 부터 반복 실행되면서 차례대로 변수 nValue에 복사

(3) 배열 자료형과 복사되는 자료형이 동일하여야 하는데 Auto를 사용하면 자동으로 배열의 자료형을 복사 받는 변수의 자료형으로 지정

(4) nData[0] 부터 반복 실행되면서 차례대로 변수 nValue에 참조자 형식으로 사용됨, 즉 처음 반복할 때 nData[0]와 nValue의 메모리 위치는 동일

3.4 배열과 포인터

배열을 선언하면 데이터들은 메모리의 특정 시작 위치 주소 위치에서 순서대로 저장되기 때문에 주소와 포인터 개념을 잘 활용하면 프로그램을 코딩하는데 편리해진다. 특히 방대한 양의 배열 데이터를 특정 함수에 전달할 때는 전달받는 함수의 매개변수를 통해 배열 데이터가 복사되므로 막대한 메모리 손실을 초래할 수 있다. 이같은 경우에 오직 데이터가 저장된 메모리의 시작 주소만 전달되어 복사된다면 메모리 관리에서 매우 유용할 것이며 사용하는 함수에서도 복사된 주소값을 이용하여 쉽게 데이터를 추출할 수 있는 장점이 있다. 또한 배열과 포인터의 관계는 포인터를 사용하면 배열의 차원을 하나 줄일 수 있다. 즉 1차원 배열은 차원이 없는 포인터 변수로, 2차원 배열은 1차원 포인터와 동일하게 사용된다. 다음은 1, 2차원 배열과 포인터와의 관계를 정리한 것이다.

배열과 pointer | Keypoint

- 배열로 저장된 방대한 양의 데이터를 새로운 변수로 복사할 때 데이터가 저장된 주소의 시작 주소만을 복사하여 메모리를 효율적으로 관리하기 위해 사용
- 배열을 pointer를 표현하면 1개 차수가 감소함
- 1차원 배열과 pointer

  자료형 배열이름[크기];

  - 배열이름 = &배열이름[0] // 배열원소 0번째 데이터 저장위치의 주소
  - *(배열이름+N) = 배열이름[N] // 배열요소 N번째 데이터
  - *배열이름 = 배열이름[0] // 배열요소 0번째 데이터
- 2차원 배열과 pointer

  자료형 배열이름[크기1][크기2]

  // 첫 번째 원소 데이터 저장위치의 주소
  - 배열이름 = &배열이름[0][0] = 배열이름[0]

  // 특정위치에 저장된 데이터
  - *(배열이름[N1] +N2) = 배열이름[N1][N2]

예제 3-5를 통해 1차원과 포인터와의 관계를 이해해보자.

ex 3-5 1차원 배열과 포인터 데이터 처리

```
#include <iostream>
using namespace std;

int main()
{
    int nArray[5]={10,20,30,40,50};

    cout<<"nArray=";
    for (int i=0; i<5; i++) cout<<nArray[i]<<",";

    cout<<"\nnArray[0] 주소 : "<<&nArray[0]<<endl;
    cout<<"nArray 주소     : "<<nArray<<endl<<endl; // (1)

    cout<<"nArray[0]="<<nArray[0]<<endl;
    cout<<"*nArray   ="<<*nArray<<endl<<endl;       //(2)

    cout<<"nArray[2]    ="<<nArray[2]<<endl;
    cout<<"*(nArray+2) ="<<*(nArray+2)<<endl;       //(3)
    return 0;
}
```

실행결과

```
nArray=10,20,30,40,50,
nArray[0] 주소 : 0x7ffc46d69240
nArray 주소    : 0x7ffc46d69240

nArray[0]=10
*nArray   =10

nArray[2]    =30
*(nArray+2) =30
```

예제에서 사용된 배열 변수에 대하여 pointer 기능을 정리하면 다음과 같이 정리할 수 있다,

(1) 배열 이름 nArray 자체는 배열의 데이터가 저장된 첫 번째 주소,
1차원 배열뿐만 아니라 n차원 배열도 배열이름은 첫 번째 데이터가 저장된 곳의 주소를 의미함

(2) *nArray는 0 번째 주소의 역참조 데이터

(3) nArray[2]와 *(nArray+2)와 동일한 위치의 역참조 데이터

마찬가지로 2차원 배열은 1차원 포인터과 동일하게 사용되는데 예제 3-6을 통해 2차원과 포인터와의 관계를 좀더 확실하게 이해해보자.

ex 3-6 2차원 배열과 포인터 데이터 처리

```
#include <iostream>
using namespace std;
int main()
{
    int nArray[4][3]={ {10,20,30},{40,50,60},{70,80,90},{100,110,120} };
                    // {10,20,30,40,50,60,70,80,90,100,110,120}; 와 동일
    cout<<"nArray[0][0] 주소 : "<<&nArray[0][0]<<endl;
    cout<<"nArray[0] 주소     : "<<nArray[0]<<endl;
    cout<<"nArray 주소        : "<<nArray<<endl<<endl;

    cout<<"nArray[2][0] 주소 : "<<&nArray[2][0]<<endl;
    cout<<"nArray[2] 주소     : "<<nArray[2]<<endl<<endl;

    cout<<"nArray[3][1]    ="<<nArray[3][1]<<endl;
    cout<<"*(nArray[3]+1) ="<<*(nArray[3]+1)<<endl;

    return 0;
}
```

실행결과

```
nArray[0][0] 주소 : 0x7fff2e238f20
nArray[0] 주소     : 0x7fff2e238f20
nArray 주소        : 0x7fff2e238f20

nArray[2][0] 주소 : 0x7fff2e238f38
nArray[2] 주소     : 0x7fff2e238f38

nArray[3][1]    =110
*(nArray[3]+1) =110
```

포인터와 배열을 혼합하여 사용하면 어떨까? 눈치가 빠른 독자는 배열이 만약 1차원이라면, 여기에 포인터를 붙이면 2차원이 된다는 것을 이미 알았을 것이다. 문자열 배열에 포인터가 추가되는 경우를 예제를 통해 살펴보기로 한다.

ex 3-7 포인터와 배열의 혼합

```
#include <iostream>
using namespace std;
int main()
{
    const char *pstrData[4] = {"ASAN", "CHEONAN", "SEOUL", "DAEJEON"};
    cout<<"0행 출력 = "<<pstrData[0]<<", "<<*pstrData<<endl;
    cout<<"2행 출력 = "<<pstrData[2]<<", "<<*(pstrData+2)<<endl<<endl;

    for( int k=0 ; k< 4; k++)
    {
        cout<<*(pstrData+k)<<" = ";
        cout<<pstrData[k]<<endl;
    }
    return 0;
}
```

실행결과

```
0행 출력 = ASAN, ASAN
2행 출력 = SEOUL, SEOUL

ASAN = ASAN
CHEONAN = CHEONAN
SEOUL = SEOUL
DAEJEON = DAEJEON
```

예제3-7에서

```
char    *pstrData[4] = {"ASAN", "CHEONAN", "SEOUL", "DAEJEON"};
```

배열 원소 첨자 "4"는 행의 크기를 나타내고, "*"은 열을 나타낸다. 따라서 위의 선언은 strData[4][]와 같음을 알 수 있다.

3.5 동적 메모리 할당

지금까지 살펴보았듯이 C 언어에서 배열을 사용하고자 할 때는 배열의 크기를 자료형으로 선언할 때 초기에 정하고 사용하였다. 이와같은 방식을 흔히 정적메모리 할당이라고 부른다. 그러나 외부에서 데이터를 입력받는 경우 초기부터 데이의 개수(크기)를 알 수 없을 때 배열을 선언하는 것도 곤란하다. 설령 크기를 추정할 수 있다 하더라도 메모리에서 할당이 해제되는 위치에 있지 않은 한 메모리 사용에 큰 부담을 줄 수 있다.

이 같은 경우를 고려하여 C언어에서는 필요한 메모리를 확보하고 사용이 끝나면 메모리 사용을 해제하는 기능을 부여하였는데 그것이 바로 mallc() 함수와 free() 함수이다. 이 함수를 이용하여 메모리를 관리하는 것을 동적 메모리 할당과 해제라고 부른다. 참고로 메모리는 크게 4부분으로 구분되어 매핑 된다. 첫 번째로 프로그램 code 영역, 두 번째로 전역변수와 정적변수 그리고 6장에서 배울 전역 class의 인스턴스가 저장되는 Data 영역, 세 번째로 동적메모리 할당과 백라운드에서 작동하는 소위 쓰래드(thread)가 돌아가는 Heap & Stack 영역으로 나눈다. 이를 가상메모리 구조라고 부른다. 여기서 Heap은 동적으로 메모리를 할당할 때 사용하는 영역이다.

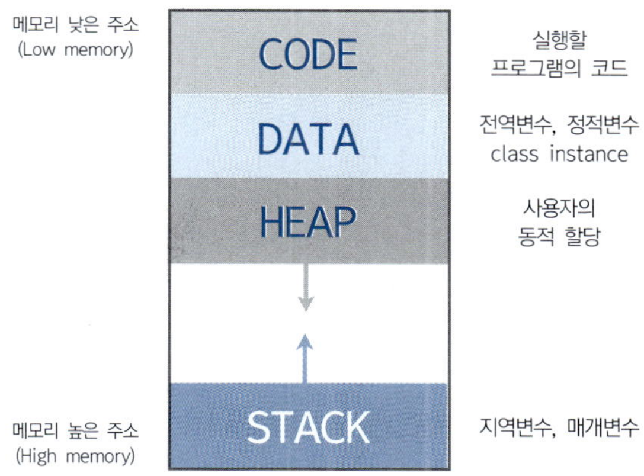

| 그림 3-1 | 가상메모리 구조

이같이 동적으로 메모리를 관리하는 mallc()함수와 free()함수는 Heap 영역에 할당된다. 그런데 이 함수들은 사용하는 문법이 복잡할 뿐만 아니라 6장에서 공부하는 C++ 언어의 핵심이라고 할 수 있는 class에서 객체를 동적으로 생성할 때 생성자를 호출하지 못하는 치명적인 단점이 발견되었다. 이러한 문제를 해결하기 위한 수단으로 C++에서는 메모리 할당을 위해 새롭게 메모리 할당 연산자를 제공하였다. C++에서 추가된 메모리 할당 연산자는 new-delete 연산자인데 메모리를 동적으로 할당할 때는 new 연산자를, 생성한 연산자를 해제하고자 할 때는 delete 연산자를 사용한다.

동적 메모리 할당과 해제 | Keypoint

- 할당
  1. 일반 변수
     자료형 *포인터 변수명 = new 자료형
     int *pA= new int;
  2. 배열
     자료형 *포인터 변수명 = new 자료형[크기]
     예) int *pA=new int[10];
- 해제
  1. 지역변수로 선언한 경우 } 를 만나면 자동해제
  2. 임의의 위치에서 해제를 원하는 경우
     일반변수 : delete 변수명; 예) delete pA;
     배열 : delete [ ] 변수명; 예) delete [ ] pA;
     구조체, class는 해당 단원에서 기술

new-delete 연산자는 앞으로 배울 구조체와 class에 대하여도 동일하게 적용된다. 이에 대하여는 해당 단원에서 다룬다.

동적 메모리 할당, 초기화, 메모리에서 해제 등을 익히도록 각 경우를 고려한 예제를 예제 3-8에 보였다.

ex 3-8 동적 메모리 할당과 해제

```
#include <iostream>
#include <string>
using namespace std;

int main()
{
    int *pA=new int;                    //(1)
    *pA=100;                            //(2)

    auto *pB=new auto(200);             //(3)

    cout<<"pA Value : "<<*pA<<endl;
    cout<<"pB Value : "<<*pB<<endl;
    delete pA, pB;                      //(4)

    int *pData=new int [5];             //(5)
    if(!pData) return 0;                //(6)

    for(int i=0; i<5; i++) pData[i]= i*10;

    cout<<"pData[2] : "<<pData[2]<<endl;
    delete [] pData;                    //(7)

    int *pC=new int [4] {10, 20, 30, 40};  //(8)
    cout<<pC[0]+pC[1]<<endl;
    delete [] pC;

    string *pStr=new string[2];         //(9)
    if(!pStr) return 0;

    pStr[0]="Korea is ";
    pStr[1]="Very Good";

    cout<<pStr[0]+pStr[1];
    return 0;
}                                       //(10)
```

실행결과

```
pA Value : 100
pB Value : 200
pData[2] : 20
30
Korea is Very Good
```

동적 메모리 할당과 해제 프로그램에 대하여 다음에 설명서를 보인다.

(1) 정수형 동적 메모리 할당(32 bit)
(2) 할당된 정수 메모리에 데이터 저장
(3) 정수형 동적 메모리 할당하고 초기화
(4) 사용을 마친 2개의 동적 메모리 해제
(5) 정수형 배열 메모리 할당
(6) 할당되었는지 확인, 할당되면 특정 주소값 반환, 할당이 안되면 NULL, 0반환
(7) 사용을 마친 정수 배열형 동적 메모리 해제
(8) 정수형 배열 동적 메모리 할당 및 초기화
(9) string class를 이용한 문자열 변수 동적 메모리 할당
(10) 동적 할당 메모리 pStr은 }를 만나 메모리에서 자동으로 해제

4

구조체

4 구조체

지금까지 각종 변수와 자료형식을 지정하여 사용하는 방법과 이를 이용하여 데이터를 처리하는 과정을 공부하였다. 이번 단원에서는 이러한 서로 다른 형태의 변수들을 통합하여 편리하게 처리할 수 있는 구조체(structure)에 대하여 알아보기로 하자.

집을 지을 때 설계도를 먼저 그리고 이 설계도를 토대로 각각 독립적으로 실제의 집을 짓는다. 이같이 다양한 변수들을 묶어서 하나의 설계도를 구현하는 것을 구조체 선언이라고 부르며 이 구조체를 바탕으로 실제로 독립적인 실행 프로그램을 여러 개 작성하면 매우 효율적으로 프로그램이 구현될 것이다. 여기서 구조체내의 다양한 형태의 변수를 멤버변수라고 부른다. 구조체는 5장에서 다룰 함수가 멤버함수로 추가로 도입되면서 완벽한 설계도의 모습을 갖추게 된다. 멤버변수에 멤버함수를 포함하여 확장된 구조체를 C++ 객체지향프로그래밍에서는 class라고 부르며 객체지향언어로써의 가장 중요한 뼈대를 이루게 된다. 본 장에서는 먼저 객체의 개념을 대략 이해하고 그 기능을 익히기 위하여 C언어에서 제공되는 구조체 선언과 활용에 대하여 자세히 다룬다.

4.1 구조체 선언

구조체란 여러 가지 자료형으로 선언한 멤버변수를 하나로 묶어 새로운 하나의 자료형으로 만들어 처리하는 자료구조이다. 여기서 이 자료구조를 대표하는 전체 구조체 이름을 구조체 태그라고 부른다. 구조체를 사용하려면 먼저 구조체를 정의하여야 하며 정의하는 형태는 몇 가지가 있는데 가장 기본적인 형태는 다음과 같다. 먼저 "struct 구조체이름"으로 설계도를 작성하고 실제 사용할 "구조체의 객체"들로 메모리에 할당(Instance)하여 사용한다.

이때 설계도를 근거로 실제 메모리에 상주하면서 동작하는 부분을 객체라고 하며 메모리에 할당되는 것을 "객체가 생성"되었다고 한다. 예를 들어 "행복Apt."가 있다면 최초 설계도는 구조체의 정의에 해당하며 이 설계도를 근거로 각각의 집을 지어 분양하면 모든 가구의 형태는 동일하지만 집집마다 모두 독립적으로 사생활이 보장받는다. 이러한 각각의 독립 가구와 같은 개념을 객체(object)라고 부른다. C++ 언어는 이러한 객체에 대한 개념을 이어서 학습할 class에 확대하여 적용한 대표적인 객체지향프로그래밍이다.

① 구조체 선언(기본) : Type1

```
struct 구조체이름(구조체테그)                // 설계도
{
  멤버변수1 선언;
  멤버변수2 선언;
  .
};
```

- 설계도를 근거로 객체 생성
  - struct 구조체이름 객체1, 객체2,......; // 메모리에 실제하는 객체 생성(정적)
  - struct 구조체이름 *객체1, *객체2,......; // 포인터로 객체 생성
  - struct 구조체이름 *객체1= new struct 구조체이름; //동적으로 객체생성
- }다음에 반드시 ;를 넣어야 함
- 생성된 객체의 멤버변수 사용법
  - 정적으로 생성한 경우 : 객체명 . 멤버변수
  - 포인터, 혹은 동적으로 생성한 경우 : 객체명 -> 멤버변수

  예)

  구조체 A를 B 로 객체를 생성할 때

  ```
  struct A   B;

  B.멤버변수1
  B.멤버변수2
  ```

  구조체 A를 *pB로 객체를 동적으로 생성할 때

  ```
    struct A   *pB=new struct 구조체이름;
    pB -> 멤버변수1
    pB -> 멤버변수2
  ```

이제 두 학생의 성적과 총점을 구하는 예제를 통해 구조체의 쓰임을 알아보자.

ex 4-1 구조체 기본

```
#include <iostream>
using namespace std;

struct Score        // (1) 구조체 정의
{
    const char *strName;   // 문자열 멤버변수
    int nKor;                // 정수형 멤버변수
    int nEng;
    int nMath;
    double fAverage;        // 실수형 멤버변수
};

int main()
{
   struct Score  Student1;              //(2)
   struct Score  *pStudent2=new struct Score; //(3)

   Student1.strName="KsKim";          Student1.nKor=90;    //(4)
   Student1.nMath=95;                 Student1.nEng=100;
   pStudent2->strName="UsChoi";       pStudent2->nKor=85;  //(5)
   pStudent2->nMath=100;              pStudent2->nEng=95;

   Student1.fAverage=(Student1.nKor + Student1.nMath + Student1.nEng)/3.0; //(6)
   pStudent2->fAverage=(pStudent2->nKor + pStudent2->nMath + pStudent2->nEng)/3.0;

   cout<<"-------- 성 적 표 ------------\n";
   cout<<" 이름       국어 영어 수학 평균      \n";
   cout<<"------------------------------\n";

   printf(" %8s%5d%4d%5d%5.1f\n", Student1.strName,
      Student1.nKor, Student1.nEng, Student1.nMath, Student1.fAverage);

   printf(" %8s%5d%4d%5d%5.1f\n", pStudent2->strName,    pStudent2->nKor,
        pStudent2->nEng,  pStudent2->nMath,  pStudent2->fAverage);
```

```
    double fKorEaverage= (Student1.nKor+pStudent2->nKor)/2.0;

    cout<<"국어 평균= "<< fKorEaverage <<endl;

    delete pStudent2;
    return 0;
}
```

실행결과

```
-------- 성 적 표 -------------
 이름      국어 영어 수학 평균
------------------------------
    KsKim   90 100   95 95.0
   UsChoi   85  95  100 93.3
국어 평균= 87.5
```

예제 4.1에 대한 중요 부분에 대한 상세 설명은 다음과 같다.

(1) 구조체 이름(설계도) : Score
멤버변수 : 문자열 멤버변수, 정수형 멤버변수 3개, 실수형 멤버변수 1개가 각각 선언되었음
(2) 구조체(설계도)를 바탕으로 메모리에 정적으로 Student1 객체 생성
(3) 구조체(설계도)를 바탕으로 메모리에 동적으로 pStudent2 객체 생성
(4) 정적으로 생성된 객체 멤버변수 사용 : Student1.nKor
(5) 동적으로 생성된 객체 멤버변수 사용 : pStudent2->nKor
(6) Student1 객체의 국영수 점수 평균 구하기
(7) pStudent2 객체의 국영수 점수 평균 구하기
구조체를 선언하는 방법은 몇 가지가 더 있는데 이에 대하여는 다음과 같으며 사용 방법은 위 예제와 동일하다.

② 구조체 선언(구조체 변수 포함) : Type2

다른 방법은 구조체 선언 끝 부분에 구조체 객체명을 붙여서 선언하는 방법이다. 구조체를 선언하고 구조체 객체를 특정 함수에서 지역변수로 선언하는 형태와는 달리 모든 함수에서 사용될 수 있는 전역변수와 같은 사용범위 개념으로 구조체 객체를 선언하고자 할 때 사용한다.

```
struct 구조체이름                    // 설계도
{
   멤버변수1 선언;
   멤버변수2 선언;

} 객체명1, 객체명2......;    // 메모리에 실제하는 객체 생성
```

③ 구조체별칭을 사용하는 방법 : Type3

또 다른 방법은 일반적인 typedef 명령을 이용하는 방법으로, C언어에서 명령어를 다른 이름으로 사용하고자 할 때 typedef 명령을 사용한다. 구조체를 선언하고 이를 사용하는 방법이다. 예를 들어 unsigned char chA; 라고 변수를 선언할 때 typedef unsigned char BYTE; 이라고 미리 별칭을 정의해 놓으면 변수 선언할 때 BYTE chA; 로 축약해서 사용하는 기법인데 이를 구조체에 적용하는 것이다.

typedef struct 구조체이름 { }를 축약해서 "구조체별칭" 을 정의하여 사용하면 실제 사용할 때 struct를 매번 타이프 하지 않아도 간단하게 사용하고자 할 때 사용하는 방법이다. 이는 배포되는 대부분의 프로그램 혹은 library에 적용하는 구조체는 이와 같은 구조체 별칭을 사용하는 형태를 갖는다.

```
typedef struct 구조체이름                    // 설계도
{
  구조체 멤버변수1 선언;
  구조체 멤버변수2 선언;
        :
}구조체별칭;

구조체별칭 객체1, 객체2,......;  // 메모리에 실제하는 객체 생성
구조체별칭 *객체1, *객체2,......;     // 포인터로 객체 생성
구조체별칭 *객체=new 구조체별칭
```

```
typedef struct 구조체이름                // 설계도
{
  구조체 멤버변수1 선언;
  구조체 멤버변수2 선언;
       :
}구조체별칭;

구조체별칭 객체1, 객체2,......;  // 메모리에 실제하는 객체 생성
구조체별칭 *객체1, *객체2,......;     // 포인터로 객체 생성
구조체별칭 *객체=new 구조체별칭


// ex4-1 : 구조체 기본(수정)

#include <iostream>
using namespace std;

typedef struct Score        // (1) 구조체 정의, 여기서 구조체 이름은 생략 가능
{
    const char *strName;    // 문자열 멤버변수
    int nKor;                 // 정수형 멤버변수
    int nEng;
    int nMath;
    double fAverage;        // 실수형 멤버변수
}Mark;

int main()
{
  Mark  Student1;
  Mark  *pStudent2=new Mark;
  또는
  Mark  Student1, *pStudent2=new Mark;
  이하 동일.....
```

4.2 구조체 초기화

구조체로 객체를 생성(Instance)하고 그 구조체의 멤버변수를 초기화하는 방법은 일차원 배열을 초기화하는 것과 같으며, 각 멤버변수의 초기값은 일차원 배열의 { 와 }사이에서 이루어지는데, 구조체 멤버변수의 순서대로 초기화가 이루어진다. 만일 구조체의 멤버변수 개수가 5개인데, 3개만 { }사이에 초기화 한다면 구조체 멤버변수 중 마지막 2개는 초기화가 이루어지지 않게 된다. 예제 4-1을 구조체의 멤버변수들에 대하여 초기화하는 과정을 예제 4-2에 보였다.

ex 4-2 구조체 초기화

```
~~ 중간 생략 ~~
int main()
{
//  Mark Student1,  *pStudent2=new Mark;
//  Student1.strName="KsKim";       Student1.nKor=90;
//  Student1.nMath=95;              Student1.nEng=100;
//  pStudent2->strName="UsChoi";   pStudent2->nKor=85;
//  pStudent2->nMath=100;           pStudent2->nEng=95;

//  struct Score Student1={"KsKim", 90,95,100}; type1  사용
    Mark Student1={"KsKim", 90,95,100};    //type3 사용
    Mark *pStudent2=new struct Score;
    *pStudent2={"UsChoi",85,100,95};

// 이하 생략
```

실행결과

```
-------- 성 적 표 -------------
 이름        국어 영어  수학  평균
------------------------------
   KsKim    90 100   95 95.0
   UsChoi   85  95  100 93.3
 국어 평균= 87.5
```

4.3 구조체와 배열

어떤 반의 모든 학생에 대한 성적을 구조체를 사용하여 프로그램한다고 가정하자. 그럴 경우 학생마다 구조체 변수를 수십 개 선언하여 사용하면 매우 복잡해진다. 이를 해소하는 방법이 구조체 객체를 생성할 때 구조체 배열로 객체를 생성하면 매우 효율적으로 사용할 수 있을 것이다. 예제 4.1을 예제 4-3.과 같이 30명의 학생에 대하여 사용할 수 있도록 하고 2명에 대한 정보를 입력하는 구조체 배열로 변경하여 실행하기로 한다. 프로그램 후미에 생략된 부분은 예제를 보면서 변경하기로 한다.

ex 4-3 구조체 배열

```
#include <iostream>
using namespace std;

typedef struct  // 구조체 정의
{
    const char *strName;  // 문자열 멤버변수
    int nKor, nEng, nMath;  // 동일한 자료형을 갖는 경우 재 정리
    double fAverage;        // 실수형 멤버변수
}Mark;

int main()
{
// struct Score Student[30];   // 예제 4-1의 type1  사용
  Mark Student[30];   //type3  사용

  //개별 초기화
  Student[0].strName="KsKim";            Student[0].nKor=90;
  Student[0].nEng=95;                    Student[0].nMath=100;

  // 일괄 초기화
  Student[1]={"Choi", 85, 100, 95};

  cout<<"-------- 성 적 표 ------------\n";
  cout<<" 이름      국어 영어 수학 평균     \n";
  cout<<"-----------------------------\n";
```

```
    double fKorSum=0;
    for(int i=0; i<2; i++)
    {
        Student[i].fAverage=( Student[i].nKor + Student[i].nMath +
         Student[i].nEng )/3.0;

        printf(" %8s%5d%4d%5d%5.1f\n", Student[i].strName, Student[i].nKor,
         Student[i].nEng, Student[i].nMath, Student[i].fAverage );

        fKorSum+=Student[i].nKor;
    }
    cout<<"국어 평균= "<< fKorSum/2.0 <<endl;
    return 0;
}
```

실행결과

```
-------- 성 적 표 -------------
 이름      국어 영어 수학 평균
-------------------------------
    KsKim   90 100   95 95.0
   UsChoi   85  95  100 93.3
국어 평균= 87.5
```

5

함수

5 함수

C언어는 함수를 중심으로 프로그램이 구성되어 있으며 C++ 고급 언어는 함수와 변수를 동시에 포함하는 class 중심으로 이루어져 있다. 따라서 C++에서도 class 내에서 함수는 아주 중요한 역할을 담당하게 된다. 함수의 형태는 함수 이름 뒤에 ( )가 붙어 있으며 이미 우리가 배운 main()은 C언어에서 제공해주는 전형적인 함수이다. 물론 추가로 임의의 기능을 수행하는 함수를 프로그래머가 추가로 구현하여 사용할 수 있다.

5.1 함수선언

C언어에서 제공해주는 함수와는 별도로 프로그래머가 정의하여 사용하는 함수를 사용자 정의 함수라고 한다. 함수의 용도는 자주 사용하는 프로그램 혹은 반복되는 프로그램을 하나의 함수로 만들어 필요할 때마다 그 함수를 호출하여 사용한다. 이는 프로그램을 효율적으로 작성할 수 있다는 장점이 있다. 다음은 사용자 정의 함수선언과 이 함수를 호출하는 일반적인 형태를 보였다. 여기서 반환 자료형이 void 경우에는 return 문을 생략해도 좋다. 예제 5-1은 Test()함수를 main()에서 3번 호출하는 프로그램이다.

```
반환자료형 함수명(자료형 매개변수, .......)  // 사용자 정의 실행함수(호출되는 함수)
{
     프로그램
     :
    return 데이터;
}
프로그램 임의함수()
{
    :
    호출함수명(매개변수, .....);    // 사용자 정의 호출함수
    :
}
```

호출하는 함수와 호출되는 실행함수명은 반드시 같아야 한다.

이하 호출하는 함수를 **호출함수**, 호출되어 실행하는 함수를 **실행함수**라고 부르기로 한다.

ex 5-1 함수 기본

```
#include <iostream>
using namespace std;

void Test( )
{
    cout<<" 함수 첫 발걸음입니다.\n";
    return;    //여기서 void  함수인 경우에는 return은 일반적으로 생략
}
int main()
{
   for(int j=0; j<3; j++) Test( );
   return 0;
}
```

실행결과

```
함수 첫 발걸음입니다.
함수 첫 발걸음입니다.
함수 첫 발걸음입니다.
```

5.2 값 호출방식(call by value)

함수를 사용하기 위하여 호출하는 호출 함수에서 호출되는 실행함수에 데이터를 복사하여 넘겨줄 수 있다. 이때 실행함수에서 데이터가 복사되는 변수를 매개변수라고 한다. 이 매개변수는 기본적으로 메모리를 별도로 자료형에 대응하여 생성된다. 그러므로 데이터를 받으면 새로 생성된 매개변수에 데이터가 복사되는 것이다. 이때 전달받은 데이터를 이용하여 실행함수에서 주어진 임무를 수행할 것이며 필요에 따라 계산된 결과 등을 원래 호출한 함수로 보내줄 필요도 있다. 예를 들어 더하기 기능을 수행하는 실행함수에 더하고자 하는 값을 전달해주면 실행함수 내에서 전달된 값들을 더하여 출력하고 프로그램을 마칠 수도 있지만, 그 결과를 호출한 함수에 다시 되돌려 받기를 원할 수도 있다. 이때 처리된 결과나 상태를 호출하는 함수에 보내고자 하는 할 때는 return 문을 통해 이루어지기도 한다.

매개변수를 통해 데이터를 복사해 전달만 해주는 방식을 흔히 **값 호출(call by value) 방식**이라고 부른다. 실행함수에서 전달받은 매개변수 개수만큼 별도의 메모리 공간이 할당되어 데이터가 복사되는 방식이다. 값이 복사된다고 하여 값 호출방식이라고 부르는데 실행 함수내에서 매개변수 값이 변동되더라도 별도의 메모리 공간에 존재하기 때문에 호출하는 함수 입장에서는 데이터의 변동이 이루어지지 않고 독립적이다. 따라서 이 방식은 데이터를 실행함수에 넘겨 주기만 하고 변동된 값을 다시 되돌려 받지는 못한다.

정리하면, 값 호출 방식을 이용하여 함수에 매개변수 값을 전달하는 방식은 함수를 호출할 때 실제 매개변수가 갖고 있는 값을 실행함수의 매개변수에 복사하여 값 자체를 넘겨주는 방식을 말한다. 다음 예제를 통해 매개변수를 통해 데이터를 전달하는 과정을 살펴보기로 한다.

다음 예제 5-2는 매개변수에 데이터를 복사해주는 예제이다. 호출함수 Func(a)에서 a값은 실행함수 Func(int b)으로 int 형식으로 생성된 매개변수 b에 복사된다. 여기서 주목할 점은 변수 a와 b는 독립적인 메모리 공간을 차지한다는 점이다. 같은 변수 이름을 사용하여도 별개의 메모리 공간을 차지하므로 상호 독립이다. 따라서 실행함수 내에서 사용된 매개변수를 함수의 기능이 다 하면 메모리에서 사라지므로 호출함수의 변수에는 영향을 주지 않는다.

ex 5-2 값 호출방식(기본형)

```
#include <iostream>
using namespace std;

void Func(int b)
{
     b=b+10;
     cout<<"b="<<b<<endl;     //b=20
}

int main()
{
    int a(10);         //a=10과 동일
    Func(a);
    cout<<"a="<<a<<endl;      //a=10
    return 0;
}
```

실행결과

```
b=20
a=10
```

예제 5-3은 포인터의 역참조로 데이터를 넘겨주는 방식이다. 마찬가지로 포인터로 선언된 변수의 역참조 데이터를 전달해주는 방식으로 동작 결과는 예제 5-2와 동일하다.

ex 5-3 값 호출방식(포인터의 데이터를 전달해주는 방식)

```
#include <iostream>
using namespace std;

void Func(int b)
{
     b=b+10;
     cout<<"b="<<b<<endl;     //b=20
}

int main()
{
    int *a=new int;           //int *a=new int(10) 도 가능
    *a=10;                    //  포인터 a의 역참조 데이터
    Func(*a);

    cout<<"a="<<*a<<endl;     //a=10
    return 0;
}
```

실행결과

```
b=20
a=10
```

값 호출 방식을 통해 실행함수의 실행 결과를 되돌려 받는 방법은 return을 이용하는 방식으로 1개의 결과를 되돌려 받을 수 있다. 예제 5-4을 통해 실행함수의 결과를 되돌려 받는 경우를 살펴보기로 한다. 예제 5-4.에서 함수 마지막에 명령 return과 되돌려주는 변수가 추가되었다. 그리고 되돌려주는 데이어의 형식이 함수 앞에 int sum(...)으로 변동되었다. 만약 함수 앞에 void가 있다면 반환하는 return 할 값이 없다는 의미이다.

ex 5-4 값 호출방식(return)

```
#include <iostream>
using namespace std;

int sum(int nX, int nY)  // 실행함수 (2)
{
    int nZ = nX + nY;
    return nZ;              // (3)
}

int main()
{
    int j=10, k=20, nSum;
    printf("초기 값 : j = %d,  k = %d\n", j, k);

    //10, 20을 복사해주고 되돌아온 결과는 nSum에 저장한다.
    nSum=sum(j, k);         // (1), (4)

    printf("반환된 값 :  %d\n", nSum);
    return 0;
}
```

실행결과

```
초기 값 : j = 10,  k = 20
반환된 값 : 30
```

(1) sum()함수를 호출하면서 j=10, k=20의 값이 각각 nX, nY 에 전달된다.

(2) 실행함수 sum()함수에서는 매개변수 nX, nY에 10과 20이 각각 복사되어 저장된다.

(3) nZ 값인 30이 sum() 함수를 통해 정수형(int) 형태로 반환된다.

(4) 반환된 값은 다시 nSum에 저장된다.

5.3 참조 호출방식(call by reference)

앞장에서 우리는 C언어에서 &는 논리연산으로 사용할 때는 AND 연산자를 의미하고, 선언된 일반변수에 붙여질 때는 변수의 데이터가 저장된 주소를 의미하며, 실제 변수이름 대신에 또 다른 이름으로 별명을 선언할 때는 참조자(Reference) 의미를 갖는다고 공부하였다.

그 중에서 참조자의 기능을 함수에 사용하고자 한다. 일반적으로 선언된 변수명은 할당된 메모리 공간에 붙여진 이름을 의미한다. 프로그램에서 이 이름을 통해 해당 메모리 공간에 접근하여 데이터를 읽거나 변경할 수 있다. 참조자는 메모리 공간에 붙여진 이름 즉 변수명의 또 다른 별명으로 메모리를 효율적으로 사용하기 위하여 제공된 것이다. 다시 말해 참조자는 메모리 공간을 지칭하는 변수이름에 대하여 동일한 공간에 대하여 다른 이름으로 지칭하는 일종의 별명 또는 별칭이다. 단, 참조자는 선언과 동시에 무엇을 참조하였는지를 초기화하여야 하며 한 번 초기화되면, 참조하는 대상을 변경할 수 없다.

ex 5-5 참조자(reference)

```
#include <iostream>
using namespace std;
int main()
{
    int a=100;      //
    int &b=a;      // 변수 a의 또 다른 이름(별명)을 b라고 선언

    a=a+100;       //③
    cout<<"a="<<a<<endl;
    cout<<"b="<<b<<endl;
    b*=10;
    cout<<"a="<<a<<endl;
    return 0;
}
```

실행결과

```
a=200
b=200
a=2000
```

예제 5-5에서 변수 a의 또 다른 이름(별명)을 b로 사용하려고 선언하였으며 a의 데이터가 변동이 일어나면 b도 동일한 메모리를 가리키므로 b가 가리키는 데이터도 같이 변동이 일어날 것이다. 즉 참조자는 포인터와 다른 개념이지만 동일한 목적으로 사용할 수 있다.

이러한 참조자를 함수에 응용하기로 한다. 참조자는 메모리를 효율적으로 사용하기 위하여 제공된 것으로 실행함수에 방대한 양의 데이터를 전달한다고 할 때 사용될 수 있다. 이는 함수에서 매개변수를 일반변수로 받게 되면 또 다시 대규모의 메모리를 할당할 수밖에 없는 문제를 초래하기 때문이다.

예제 5-2를 참조 호출방식으로 바꾸어 보기로 하다. 변수 a와 동일한 메모리 공간을 갖는 또 다른 이름 b로 함수에서 매개변수로 받는다면 추가의 메모리는 소요되지 않을 것이다. 따라서 어느 하나의 변수가 바뀌면 다른 하나의 변수도 동시에 바뀔 수밖에 없다.

ex 5-6 참조 호출방식(매개변수 참조자)

```
#include <iostream>
using namespace std;

void Func(int &b)     //변수 a의 또 다른 이름(별명)
{
     b=b+10;
     cout<<"b="<<b<<endl;     //b=20
}
int main()
{
    int a(10);
    Func(a);

    cout<<"a="<<a<<endl;       //a=20
    return 0;
}
```

실행결과

```
b=20
a=20
```

같은 개념으로 포인터로 선언된 변수에 대해서도 동일하게 적용할 수 있다. 포인터의 역참조 데이터를 실행함수에 전달해줄 때 실행함수의 매개변수가 참조자로 전달받으면 동일한 효과를 얻게 된다. 예제 5-3을 참조 호출방식으로 바꾸어 보기로 하자.

포인터 변수 *a와 동일한 메모리 공간을 갖는 또 다른 이름 매개변수 b로 함수에서 받는다면 추가의 메모리는 소요되지 않는다. 앞의 예제와 마찬가지로 두 개의 변수 중 하나의 데이터가 바뀌면 또 다른 변수 값도 동시에 바뀔 수밖에 없는 것은 참조자의 특질이다.

ex 5-7 참조 호출방식(포인터 역참조 데이터 → 참조자)

```
#include <iostream>
using namespace std;

void Func(int &b)
{
     b=b+10;
     cout<<"b="<<b<<endl;    //b=20
}
int main()
{
    int *a=new int;      //int *a=new int(10) 도 가능
    *a=10;               //
    Func(*a);            // 포인터 a의 역참조 데이터=10

    cout<<"a="<<*a<<endl;    //a=20
    return 0;
}
```

실행결과

```
b=20
a=20
```

5.4 포인터 호출방식(call by pointer)

배열과 같은 대용량의 데이터를 함수의 매개변수에 전달할 때는 또 다른 매개변수가 독립적으로 선언되어 데이터가 통째로 복사되므로 메모리 관리 측면에서 매우 비효율적이다.

배열과 같이 대용량의 데이터를 다루는 경우는 참조자를 이용하여 추가의 메모리를 할당할 필요 없이 데이터에 직접 접근하는 방법이 있고, 매개변수에 데이터가 아닌 데이터가 저장된 최초의 위치 주소를 실행함수의 매개변수에 복사하여 사용하는 방법이 있다, 후자를 포인터 호출방식이라 부르며 실행함수에 연속적인 데이터의 첫 번째 주소만을 복사해주는 방식이기 때문에 함수의 매개변수에 참조자를 이용하는 방법과 동일한 효과를 얻을 수 있는 방법이다.

엄밀하게 말하면 참조자를 이용하여 함수를 호출하는 방식과 포인터를 이용하여 함수를 호출하는 방식은 서로 다르다. 그렇지만 결국 데이터가 메모리 저장된 위치를 참조자로 표현하느냐 아니면 주소로 표현하느냐의 차이일 뿐 효과 측면에서는 동일한 결과를 얻게 될 것이다. 포인터를 이용하여 실행함수에 주소를 전달해주는 방식을 통해 데이터 전달하는 실습을 하기로 한다.

예제 5-8은 예제 5-6을 실행함수가 포인터형식의 매개변수로 받아 동일한 결과를 얻게 하는 과정이다.

ex 5-8 포인터 호출방식(1)

```
#include <iostream>
using namespace std;
void Func(int *b)
{
    *b=*b+10;
    cout<<"b="<<*b<<endl;    //b=20
}
int main()
{
   int a(10);
   Func(&a);                        //여기서 &는 참조자 아닌 주소 연산자임.

   cout<<"a="<<a<<endl;      //a=20
   return 0;
}
```

실행결과

```
b=20
a=20
```

예제 5-9에 포인터로 선언한 주소를 실행함수에 포인터로 복사 전달 하도록 프로그램을 수정하였다.

ex 5-9 포인터 호출방식(2)

```
#include <iostream>
using namespace std;
void Func(int *b)
{
     *b=*b+10;
     cout<<"b="<<*b<<endl;    //b=20
}

int main()
{
   int *a=new int(10);
   Func(a);

   cout<<"a="<<*a<<endl;    //a=20
   return 0;
}
```

실행결과

```
b=20
a=20
```

지금까지 살펴본 바와 같이 참조자를 이용하거나 포인터를 이용하면 메모리를 효과적으로 관리할 수 있다는 장점을 얻을 수 있었다. 두 가지 방식이 모두 같은 효과를 얻게 되므로 흔히 이 둘을 분리하여 부르지 않고 참조 호출(call by reference) 방식이라고 부르기도 한다. 이 호출방식의 특징은 실행함수에서 매개변수가 여러 개라면 변동된 여러 개의 매개변수 데이터를 다시 전달 받을 수 있다. 지금까지 학습한 내용을 예제 6-10의 종합실습을 통해 실행함수에 데이터를 전달하는 과정을 복습하기로 한다.

ex 5-10 호출 방식(종합실습)

```
#include <iostream>
using namespace std;

void Reference(int nX, int &nY, int *pZ, int &nA, int *pA, int pB)
{
  nX= 10;
  nY =nX * nY;
  *pZ=30;
  nA=nX*4;
  *pA=nX+40;
  pB=-10;
}

int main()
{
  int i=1, nValue=2, nScore;
  int *pData1=new int(3);
  int *pData2=new int(4);
  int *pData3=new int(5);

  cout<<"초기값 : ";
  cout<<"i= "<<i<<endl;

  cout<<"nValue="<<nValue<<", nScore="<<nScore<<endl;
  cout<<"pData1="<<*pData1<<", pData2="<<*pData2<<endl;
  cout<<"pData3="<<*pData3<<endl;

  Reference(i, nValue, &nScore, *pData1, pData2, *pData3);
```

```
    cout<<"------------\n";
    cout<<"변경된 값 : ";
    cout<<"i= "<<i<<endl;

    cout<<"nValue="<<nValue<<", nScore="<<nScore<<endl;
    cout<<"pData1="<<*pData1<<", pData2="<<*pData2<<endl;
    cout<<"pData3="<<*pData3<<endl;

    return 0;

}
```

실행결과

```
초기값 : i= 1
nValue=2, nScore=0
pData1=3, pData2=4
pData3=5
------------
변경된 값 : i= 1
nValue=20, nScore=30
pData1=40, pData2=50
pData3=5
```

호출함수와 실행함수 사이에 데이터의 변동 관계를 도시하면 다음과 같다

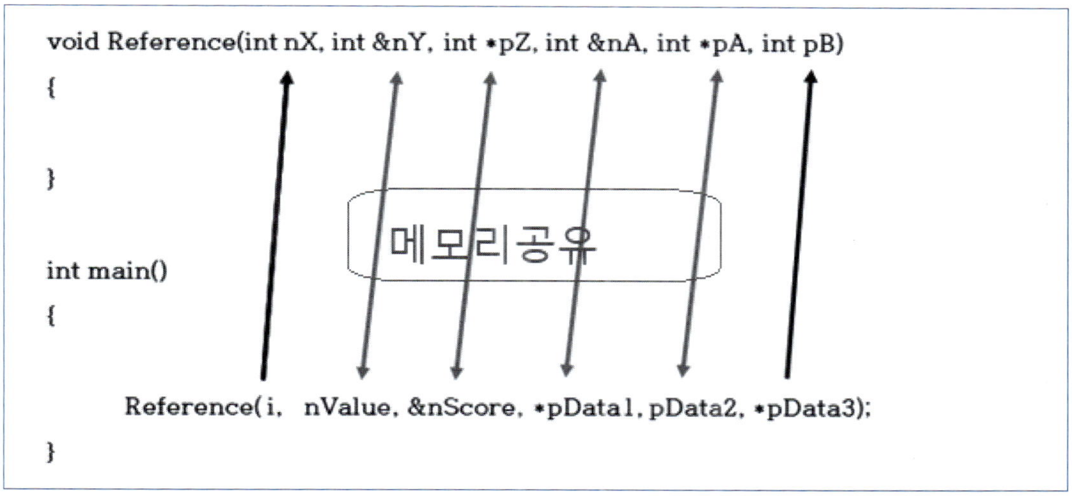

표 5-1 예제 호출 형식

호출함수 변수	메모리 공유	실행함수 매개변수	비고
i(데이터)	X	nX(데이터)	값 호출
nValue(데이터)	O	&nY(참조자)	참조 호출
&Score(주소)	O	*pZ(포인터)	pointer 호출
*pData1 (포인터 역참조 데이터)	O	&nA(참조자)	참조 호출
pData2(포인터 주소)	O	*pA(포인터)	pointer 호출
*pData3 (포인터 역참조 데이터)	X	pB(데이터)	값 호출

함수호출 | Keypoint

- 값 호출
  - 실행함수의 매개변수에 데이터 복사
  - 실행함수의 매개변수는 독립적으로 메모리 할당
  - 결과를 되돌려 주려면 return 이용
- 참조 호출
  - 호출함수의 변수와 매칭되는 또 다른 이름(별명)참조자 매개변수 선언
  - 같은 메모리의 다른 이름으로 메모리 할당이 없음
  - 호출함수 변수와 실행함수 매개변수는 동시에 데이터가 변함
- pointer 호출
  - 실행함수의 매개변수에 데이터가 저장된 첫 번째 주소 복사
  - 실행함수의 매개변수는 주소만 저장하는 메모리 할당하고 주소 복사
  - 같은 주소를 지칭하기 때문에 호출함수 변수와 실행함수 매개변수는 동시에 데이터가 변함

5.5 함수와 문자열

문자열을 정의하는 방법은 배열을 사용하는 방법과 포인터를 사용하는 방법이 있는데, 포인터를 사용하는 방법이 훨씬 편리하다. 문자열을 포인터로 선언하는 경우 주소를 표현하는 방법은 다음과 같다.

```
char *strData="NICE C++ !!";
```

로 선언하고 초기화할 때, strData은 'N' 글자가 저장된 주소 즉 문자열의 첫 번째 주소를 의미하는데 이는 &strData[0]과 동일하다. 글자 'E' 가 저장된 주소는 &strData[3]이다. 예제를 통해 문자열을 함수에 전달하는 방법을 익혀보기로 하자.

ex 5-11 문자열 전달

```
#include <iostream>
using namespace std;

void StringOut(const char *pStrData)
{
    cout<<"문자열 "<<pStrData<<endl;
}
int main()
{
    const char *strData="I like C !!! ";
    StringOut(strData);     // strData==&strData[0]
    StringOut(&strData[4]);
    return 0;
}
```

실행결과

```
문자열 I like C !!!
문자열 ke C !!!
```

예제 5-11. 프로그램에서 시작 주소를 지정하면 지정된 주소 이후의 모든 문자열이 전달됨을 알 수 있을 것이다.

C++ 에서는 보다 편리한 string class 라이브러리가 제공되고 있어서 더욱 더 손쉽게 문자열을 함수에 전달할 수 있다. 예제 5.11에 이를 적용해보기로 하자.

ex 5-12 문자열 전달(string class 이용)

```
#include <iostream>
#include <string>
using namespace std;

void StringOut(string StrData)
{
    cout<<"문자열 "<<StrData<<endl;
}
int main()
{
    string strData="I like C !!! ";
    StringOut(strData);      // strData==&strData[0]
    StringOut(&strData[4]);
    return 0;
}
```

실행결과

```
문자열 I like C !!!
문자열 ke C !!!
```

5.6 함수 오버로딩(overloading)

함수 오버로딩이란, 동일한 이름을 갖는 여러 개의 함수가 각각 매개변수들의 자료형 혹은 개수가 다르게 선언되었을 때, 호출하는 함수와 실행하는 함수가 서로 매개변수 형식이 일치되는 함수를 자동으로 찾아서 실행하는 것으로 함수중복 또는 함수 오버로딩이라고 말한다. C에서는 함수 오버로딩을 허용하지 않았지만, C++에서는 다음 예제와 같이 두 함수의 이름이 같아도 컴파일러가 오류를 발생시키지 않고 사용할 수 있다.

ex 5-13 함수 오버로딩

```
#include <iostream>
using namespace std;

void Sum(int a)                                    // (1)
{
    int c=a;
    cout << a <<" + 0 = "<< c << endl;
}
void Sum(int a, int b)                             // (2)
{
     int c=a+b;
     cout << a <<" + " << b << " = " << c << endl;
}
void Sum(double a, double b)                       // (3)
{
     double c=a+b;
     cout << a <<" + " << b << " = " << c << endl;
}
int main()
{
    Sum(10);                  // (A)
    Sum(10, 20);              // (B)
    Sum(10.5, 20.5);          // (C)
    return 0;
}
```

실행결과

```
10 + 0 = 10
10 + 20 = 30
10.5 + 20.5 = 31
```

예제에서

호출함수 (A)는 실행함수 (1)과,

호출함수 (B)는 실행함수 (2)와,

호출함수 (C)는 실행함수 (3)에 각각 대응하여 프로그램이 실행되는 것을 알 수 있다. 함수의 오버로딩에 대한 특징을 요약하면 다음과 같다.

함수중복, 함수오버로딩 | Keypoint

- 실행 함수명이 같아야 한다.
- 호출함수의 매개변수 개수가 일치하는 실행함수를 먼저 찾는다.
- 개수가 일치하는 실행함수를 찾았으면 이어서 매개변수끼리 자료형이 일치하는 실행함수를 찾아 실행한다.
- 모든 매개변수의 자료형이 일치하여야 한다.

5.7 디폴트 매개변수

C++에서 새롭게 정의된 디폴트 매개변수(default argument)는 실행함수에서 매개변수의 기본 값이 미리 정의된 인수를 의미한다. 호출함수에서 실행함수를 호출할 때 호출함수에서 실행함수의 매개변수로 데이터를 전달하지 않으면, 실행함수는 미리 정의된 매개변수의 디폴트 인수 값을 사용하도록 하는 것을 디폴트 매개변수라고 부른다. 만약 호출함수에서 데이터를 지정하여 실행함수에 전달하면, 매개변수의 디폴트 인수 값이 선언되었더라도 전달되는 데이터가 사용된다.

함수 디폴트 매개변수 | Keypoint

- 실행함수에서 매개변수 값이 미리 정해진 매개변수
- 디폴트 인수는 실행함수에서 지정할 수 있다.
- 디폴트 인수는 가장 오른쪽부터 시작하여 좌측으로 순서대로만 지정할 수 있다.
- 여러 개의 인수 중에서 중간 인수만 별도로 디폴트 인수를 지정할 수는 없다.

실행함수

```
(1) void Sum(int x, int y, int z = 4)         // 가능.
(2) void Sum(int x, int y=2, int z = 4)       // 가능.
(3) void Sum(int x, int y = 2, int z)         // 에러
(4) void Sum(int x = 1, int y = 2, int z)     // 오류
```

실행함수 void Sum(int x, int y=2, int z = 4) 일 때 호출함수 형태

```
Sum(1);          // 가능
Sum(1,2);        // 가능
Sum(1,2,3);      // 가능
Sum(1,  ,3);     // 에러
```

매개변수에 디폴트 인수를 갖는 실행함수에 대하여 예제 5-14를 통해 익혀보기로 한다.

ex 5-14 디폴트 매개변수

```
#include <iostream>
using namespace std;

void Sum(int x, int y=2, int z=3)
{
    int s=x+y+z;
    cout << " x+y+z="<< s << endl;
}

int main()
{
    Sum(1);              //1+2+3
    Sum(1, 10);          //1+10+3
    Sum(1, 10, 20);      //1+10+20
    return 0;
}
```

실행결과

```
x+y+z=6
x+y+z=14
x+y+z=31
```

5.8 함수 포인터

사용자가 실행함수를 선언하고 프로그램을 컴파일하면 선언한 모든 실행함수는 메인 메모리에 저장된다. 배열을 선언하면 배열 이름 자체가 메모리에서 배열의 첫 번째 값이 위치한 시작 주소이었던 것처럼 사용자 정의 실행함수의 이름 자체는 메모리에 저장된 위치의 시작 주소를 가리키는 포인터 상수가 된다. 이렇게 실행함수의 시작 주소를 가리키는 포인터 상수를 함수 포인터(function pointer)라고 부른다. 여러 개의 함수가 있다면 각각의 함수 포인터가 존재하고 이들을 이용하여 필요한 함수를 호출할 수 있다. 이에 대한 사용법을 다음에 요약하였다.

함수 pointer | Keypoint

- 매개변수의 개수 및 자료형이 동일하지만, 기능을 담당하는 실행함수가 여러 개 존재하는 경우에 적용 (예 : 4칙 연산 각각 함수)
- 실행함수 매개변수에 함수포인터를 전달하는 경우 사용
- 여러 개의 함수를 배열로 관리하고자 할 때 사용할 수도 있다.
- 주소를 알고 있는 함수의 매개변수에 값들을 보내고 연산결과를 역참조(*)에 의해 데이터를 반환 자료형으로 받는다.

실행함수선언

- 실행함수1(매개변수1, 매개변수 2 ....);
- 실행함수2(매개변수1, 매개변수 2 ....);
- 실행함수n(매개변수1, 매개변수 2 ....);

함수포인터 선언

- 반환 자료형(*함수포인터이름)(자료형1, 자료형2, ...);

사용

함수포인터이름=실행함수명1 .. 실행함수명n중에 사용하고자 하는 함수명;
함수포인터이름(데이터1, 데이터 2 .....);

함수 포인터 선언과 사용의 기본은 다음과 같으며 예제를 통해 그 기본 기능을 익힌다.

ex 5-15 함수 포인터 기본

```
#include <iostream>
using namespace std;

int Add(int a, int b)        // 실행함수1
{
    int c=a+b;
    return c;
}
int Sub(int a, int b)       // 실행함수2
{
    int c=a-b;
    return c;
}
int main()
{
    int i=1, j=3, k;
    int (*fpAddSub)(int, int);              // (1)

    fpAddSub= &Add;                         // (2) &생략가능
    k=(*fpAddSub)(i, j);                    // (3)
    printf("%d+%d=%d\n", i, j, k);

    fpAddSub = &Sub;                        // (4)
    k=(*fpAddSub)(i, j);                    // (5)
    printf("%d-%d=%d\n", i, j, k);
    return 0;
}
```

실행결과

```
1+3=4
1-3=-2
```

예제 5-13에서는 더하거나 빼는 2개의 실행함수 Add(), Sub()를 선언하였다. 그리고 함수 포인터를 선언하였으며 동작 순서는 다음과 같다.

(1) 함수포인터 선언 : 실행함수와 동일한 자료형으로 함수 포인터 선언, 여기서 선언한 함수 포인터 이름은 fpAddSub 이다.
(2) 실행함수1 주소를 함수포인터에 저장, fpAddSub=Add; 도 가능
(3) 실행함수1 주소를 갖는 함수포인터를 호출하여 더하기 계산한 후 결과를 되돌려 준다.
(4) 실행함수2 주소를 함수포인터에 저장
(5) 실행함수2 주소를 갖는 함수포인터를 호출하여 빼기 계산

예제에서 typedef를 이용하여 함수포인터 이름 *fpAddSub를 가독성이 좋도록 다음과 같이 표현하여 사용할 수 있다.

ex 5-16 함수 포인터 기본(typedef)

```
//중간 생략
int main()
{
    int i=1, j=3, k;
    typedef int (*fpAddSub)(int, int);
    fpAddSub FP;

    FP= Add;                    // (2)
    k=FP(i, j);                 // (3)
    printf("%d+%d=%d\n", i, j, k);

   이하 생략
}
```

예제 5-15는 더하고 빼는 연산을 함수 포인터를 이용하여 구하였지만, 직접 함수를 사용하는 경우와 비교하면 더 복잡하기만 하고 그리 효율성이 떨어진다. 그런데 더하고 뺀 값을 다른 함수에서 활용하는 경우는 프로그램이 더 간결해질 수 있다.

ex 5-17 함수 포인터 callback

```
#include <iostream>
#include <cmath>              // 추가 : 제곱기능 수행
using namespace std;

// Add(), Sub()함수 동일
//추가부분
int Calculate(int i, int j, int(*fpAS)(int, int))  // (3) 실행함수3
{
    int k=fpAS(i, j);      // (4)
    k=pow(k,3);            // (5) k^3
    return k;
}

int main()
{
    int i=1, j=3, k;

//  int (*fpCal)(int, int);           // (1) main()에서 삭제
    k=Calculate(i,j,Add);             // (2) 실행함수3 호출
    printf("(%d+%d)**3=%d\n",i,j,k);

    k=Calculate(i,j,Sub);             // (6) 실행함수3 호출
    printf("(%d-%d)**3=%d\n",i,j,k);
    return 0;
}
```

실행결과

```
(1+3)**3=64
(1-3)**3=-8
```

(1) main()에서는 함수 포인터를 사용하지 않아 삭제

(2) Calculate( ) 실행함수에 Add()함수의 포인터인 Add를 매개변수로 전달

(3) 실행함수3에서 3번째 매개변수는 함수포인터로 fpAS 매개변수에 전달됨

(4) Add 함수 주소가 저장된 fpAs() 즉 Add() 실행함수가 실행.

(5) 계산 결과를 3제곱하는 수식

(6) Calculate( )실행함수에 Sub()함수 함수포인터를 매개변수로 전달하여 상기 과정 반복

간결성과 가독성을 위하여 예제 5-17 예제도 typedef를 다음과 같이 사용할 수 있다.

ex 5-18 함수 포인터 callback

```
#include <iostream>
#include <cmath>            // 추가 : 제곱기능 수행
using namespace std;

// 중간 생략

typedef int(*fpAS)(int, int);

int Calculate(int i, int j, fpAS FP)  //실행함수3
{
    int k=FP(i, j);      // (4)
    k=pow(k,3);          // (5) k^3
    return k;
}

// 이하 생략
```

지금까지 공부한 함수포인터는 고급 프로그램에서 callback 함수를 구현할 때 사용한다. 일반적으로 함수들은 사용자가 필요한 시점에 호출한다. 반면에 windows에서 마우스가 눌림, 마우스 드래그, 키보드를 눌림, 비동기 통신신호 감지 등은 정상적인 프로그램과 별도로 늘 감시하고 있어야 하며, 해당 동작 신호(event)가 들어오면 해당 함수를 호출하여 동작하게 하고 그 결과를 되돌려 받아야 한다. 이러한 과정을 수행하도록 호출하는 함수를 callback 함수라고 한다. 보다 상세한 내용은 윈도우프로그래밍 등 상위과정에서 공부하기로 한다.

5.9 변수의 사용범위

2장에서 공부한 변수들의 사용범위와 속성을 좀 더 깊이 있게 공부하도록 하자. main() 함수나 사용자 정의 함수 내에서 선언하는 변수를 지역(Local)변수라고 하고 함수 이외의 바깥 부분에서 선언하는 변수를 전역(Global)변수라고 한다. 이름에서 알 수 있는 것처럼 함수 내에 지역변수는 그 함수 내에서만 사용할 수 있고 전역변수는 프로그램 전체에 있는 모든 함수에서 사용할 수 있다.

전역변수로 선언한 변수는 모든 함수에서 사용할 수 있어서 함수마다 변수의 값들을 바꿀 수가 있으므로 함수에서 별도로 선언할 필요가 없으나, 하나의 함수에서 변숫값이 변경되면 전체 함수에 영향을 미치므로 전역변수는 특별한 경우가 제외하고 될 수 있으면 사용을 피하는 것이 좋다. 또한 전역변수는 프로그램이 종료될 때까지 메모리에 값이 상주하고 있으므로 메모리를 많이 차지하여 비효율적이나 지역변수는 함수를 호출하여 함수의 기능을 마치면 변수의 값들이 메모리에서 사라지므로 메모리 관리에 쉽다. 만약 여러분이 전역변수와 지역변수를 같은 이름으로 사용하여 각각 선언한다면 지역변수 값이 우선 사용됨을 명심하기를 바란다.

① 지역변수

C언어에서는 함수 내에서 { 다음으로 선언된 변수를 지역변수라고 하는데, { 다음에 선언된 변수는 } 만나면 메모리에서 해제된다. 함수 내에서도 { }내에 추가로 { }가 포함될 수 있으며 추가된 { }내에 변수를 선언할 수 있는데, 이는 지역변수 내에 또 다른 지역변수가 존재할 수 있다는 이야기이다. 만일 같은 지역변수 이름이 사용 된다면 { } 내에 추가된 { } 안에 있는 지역변수가 우선 적용된다. 예제를 통해 지역변수의 속성을 살펴보기로 하자.

ex 5-19 지역변수

```
#include <iostream>
using namespace std;

int main()
{
    int i=10, j=10;              // (1)번
    printf("1. j= %d\n",j);

    if(i>0)
    {
      int j=20;                  // (2)번 : int j가 재 선언되었음.
      printf("2. j= %d\n",j);
    }                            // 이 때 (2) 번 int j가 메모리에서 해제됨
    printf("3. j= %d\n",j);
    return 0;
} // (1)번 선언 변수가 메모리에서 해제됨.
```

실행결과

```
1. j= 10
2. j= 20
3. j= 10
```

main()의 시작 즉 { 다음에 변수 j가 선언되었고 if() { 내부에서 동일한 이름의 변수 j가 다시 반복 선언된 경우로 이 경우에는 내부에서 재선언된 변수 j가 우선 적용되며 if() 문이 종료되는 }문장을 만나면 메모리에서 값이 해제된다. 즉 메모리의 입장에서는 이름이 같을지라도 선언된 위치(어느 { }에서 선언되었는가?)에 따라 메모리에서는 다른 변수명으로 해석되어 저장된다는 의미이다.

② 전역변수

전역변수는 함수 밖에서 선언되는 변수로 프로그램이 종료되기 전까지 메모리에 상주하는 변수이다. 전역변수는 마이크로프로세서에 interrupt() 함수나 C++에서 멀티 함수 기능을 위한 thread 기능에서 주로 사용한다. 또한 다음 장에서 다루게 되는 C++ 이상의 객체지향 언어에서 가장 강력한 특징이자 장점 중에 하나인 class에서 선언한 변수는 모두 전역변수이다.

ex 5-20 전역변수

```
#include <iostream>
using namespace std;

int i, j;       //전역변수
void Test()
{
    i=100; j=30;
    printf("1. 전역 j= %d\n",j);
}

int main()
{
    int j=20;       //지역변수로 j=20 선언
    Test();
    printf("2. 지역 j= %d\n", j);    // 지역변수 j
    printf("3. 전역 j= %d\n", ::j);  // 전역변수 j
    printf("4. 전역 i= %d\n", i);    // 전역변수 i

    return 0;
}
```

실행결과

```
1. 전역 j= 30
2. 지역 j= 20
3. 전역 j= 30
4. 전역 i= 100
```

예제에서 살펴보았듯이 전역 변수명과 지역변수 명이 같은 경우에는 지역변수가 우선 적용되지만, 변수명 앞에 ::을 붙이면 전역변수가 적용된다.

③ 정적변수(static)

지금까지 전역변수는 모든 함수 내에서 사용될 수 있지만, 프로그램이 종료되어야 메모리에서 그 값이 해제된다는 것을 공부하였다. 그러나 지역변수는 주어진 함수 혹은 { } 내에서만 사용될 수 있지만 }를 만나면 메모리에서 해제되었다. 그런데 이러한 2 가지의 장점을 모두 살리는 방법 즉, 특정 구역에서만 사용하는 지역변수이면서 메모리에서는 프로그램이 종료될 때까지 해제되지 않도록 하는 방법이 있는데 이는 변수선언 앞에 static을 붙이는 것이다. 이렇게 선언된 변수를 정적변수라고 부른다. 정적변수라고 불리는 static 변수의 유효 범위는 함수 혹은 블록 내에서만 영향을 미치는 지역변수이지만, 변수의 기억장소는 주 기억 장치인데 프로그램이 실행되어 종료될 때까지 기억장소에 값이 지워지지 않고 유지된다. 정적변수의 초기화는 외부 변수와 마찬가지로 컴파일할 때 단 한 번만 이루어진다.

다음 예제를 실행한 결과를 살펴보면 static이 없는 지역변수는 }를 만나면 메모리에서 해제되지만, static이 있는 경우에는 }를 만나더라도 메모리에서 해제되지 않으므로 기존 변경된 값을 Test( ) 내에서만 계속 사용할 수 있다. 여기서 상기할 것은 Test( )함수를 여러 번 호출 할 때 static int nData2=10; 는 단 한 번만 프로그램에서 실행된다는 점이다. 즉 초기값만 설정되고 2번째 이후로 이 명령어를 만나더라도 실행되지 않으므로 nData2=10이 아니라 변경된 값으로 메모리에서 상주한다는 것을 유의하여야 한다.

ex 5-21 정적변수

```
#include <iostream>
using namespace std;

void Test()
{
  int nData1=10;
  static int nData2=10;

  cout<<" nData1 = "<<nData1;
  cout<<", nData2 = "<<nData2<<endl;
  nData1++;  nData2++;
}

int main()
{
   for(int i=0; i<5; i++)    Test();

   return 0;
}
```

실행결과

```
nData1 = 10, nData2 = 10
nData1 = 10, nData2 = 11
nData1 = 10, nData2 = 12
nData1 = 10, nData2 = 13
nData1 = 10, nData2 = 14
```

6

class

6 class

이제 우리는 이 단원부터 C언어의 고급과정이며 C++ 객체지향프로그램에서 하이라이트라고 할 수 있는 class에 대하여 자세히 공부하기로 한다. 우리가 C언어에서 공부한 구조체는 서로 다른 형태의 변수들을 하나의 묶음으로 사용할 수 있었다. 이러한 구조체에 함수를 추가하고, 이들을 묶어서 사용범위를 지정할 수 있도록 기능을 확대하여 C++에서 도입된 개념이 class이다. 객체지향 프로그램의 시작으로 C언어의 구조체의 기능을 이해하는 것이라면, C++에서는 이를 class로 확장하는 것이다. 우리는 일종의 설계도인 구조체를 미리 선언하고 선언된 구조체 전체를 하나의 독립적인 객체들로 생성하여 사용하였다. 마찬가지로 class를 선언하고 이를 근거로 각각의 독립적인 객체로 사용하기 위하여 class를 대상으로 실제 사용하는 객체로 선언하는 것을 '객체(object)를 생성한다'라고 한다. 이때 생성된 객체는 메모리에서 공간을 할당받는데 이를 인스턴스(instance)라고도 말한다.

6.1 class 설계

사람이란 존재는 눈, 귀, 코, 혀, 몸 등 서로 다른 성질을 갖는 5개의 감각기관과 이를 종합하는 자유의지로 누구나 구성되어 있다. 이러한 6개의 기능을 하나로 묶은 사람이란 존재는 각각 그 구성은 동일하지만 이를 바탕으로 태어난 사람들은 각각마다 독자적으로 다른 모습과 행동을 하고 있다. 이같이 독립적인 존재 자체를 객체(Object)라고 부른다. C++ 언어나 python 프로그램 등은 기본적으로는 순서대로 동작하는 절차적 프로그래밍이다. 그러나 프로그램의 코드가 복잡해질수록 절차적 프로그램은 오류를 찾아내기 힘든 한계에 이른다. 이를 극복하기 위해 고안한 것이 class라는 새로운 설계도 개념이다. 이 class라는 설계도를 근거로 C언어는 객체 지향성 프로그램으로 발전하기 시작하였다.

건축가는 아파트를 지을 때 반드시 설계도를 먼저 작성한다. 그리고 이 설계도를 바탕으로 동일한 구조의 아파트를 건설하게 된다. 이 아파트는 건축 설계자가 동일하므로 구조는 같지만 거주하는 구성원은 집집마다 모두 다르다. 이때 건축 설계도를 프로그램 언어에서 class라 부르고 각각의 세대를 객체라고 부르며 각 세대의 구성원을 멤버변수 혹은 멤버함수라고 부른다. 참고로 C# 프로그램에서는 멤버변수를 프로퍼티(property), 멤버함수를 메소드(method)라고도 부르기도 한다. 이러한 객체지향프로그래밍의 특징은 다음과 같다.

- 추상화(abstraction)
  객체 지향적 관점에서 class를 정의하는 것을 바로 추상화라고 표현하며, 공통의 속성이나 기능을 묶어 이름을 붙이는 것으로 설계도를 의미한다. 비유하면 사람을 생각해 보면, 사람을 구성하는 5감각은 멤버변수와 멤버함수가 되고 자유의지를 하나로 묶어 인간이란 개념으로 표현하는 것은 class 선언과 같은 개념이다.

- 캡슐화(encapsulation)
  멤버변수 와 멤버함수를 하나의 단위로 묶어 결합하는 것을 캡슐화라고 말하는데, 단순히 묶는 것이 아니라 객체가 요구되는 소임을 수행하기 위하여 하나의 목적으로 묶어서 처리하기 때문에 class가 프로그램의 부품처럼 사용할 수 있도록 해주는 것이다.

- 정보은닉(data hiding)
  캡슐화한 묶음은 접근을 허용하지 않는 한 외부에서 접근할 수 없으며 접근은 오직 함수의 매개변수를 통해서만 접근할 수 있도록 하는 것을 말한다.

- 상속성(inheritance)
  상위 class에서 선언한 멤버변수와 멤버함수의 기능을 하위 class에서 물려받는 것을 말하며, 이 부분이 객체지향 프로그램에서 하이라이트라고 할 수 있다. 여기서 상위 class를 부모 class, 하위 class를 자식 class 또는 파생 class라고도 부른다. 상속이란 개념은 절차 지향 프로그래밍과 비교하여 객체지향프로그래밍이 가장 크게 분별 되는 특질 중의 하나라고 볼 수 있다.

- 다형성(polymorphism)
  부모 class에서 물려받은 함수를 자식 class 내에서 필요에 따라 변형할 수 있도록 오버라이딩(overriding) 하여 사용할 수 있는 것을 말한다. 또한 동일한 class를 여러 개로 객체화하면 객체에 따라서 다양하게 다르게 작동할 수 있는 기능이 제공된다. 즉, 상속을 이용하여 기능을 확장하거나 변경하는 것도 다형성의 특징이다. 다형성은 프로그램 코드의 길이를 짧게 유지하는 데 도움이 된다.

지금까지 살펴본 바와 같이 class란 객체지향 프로그래밍의 특징 중 하나인 추상화(abstraction)를 사용자 정의 타입으로 구현하여 이를 객체화하여 사용하는 것이라 할 수 있다. C++에서 이러한 class를 선언하는 방법은 세부적인 내용은 구조체를 선언하는 방법과 거의 유사하다. 구조체는 struct 키워드를 사용하지만, class는 class 키워드와 접근제어(access control) 지시자를 함께 사용한다. C++에서 class는 다음과 같이 정의한다.

```
class class이름
{
접근제어지시자 1:
    멤버변수1 선언;      //예) int name
    멤버변수2 선언;
    ...
    멤버함수1 선언;    //예) void Func(int a, int b)
    멤버함수2 선언;

접근제어지시자 2:
    멤버변수3 선언;
    멤버변수4 선언;
    ...
    멤버함수3 선언;
    멤버함수4 선언;
    ...
};
```

접근제어지시자와 멤버변수 그리고 멤버함수로 이루어진 class 선언은 마지막에 세미콜론(;)으로 마감해주어야 한다. class 멤버변수와 함수에 대하여 외부에서 접근을 허용할지 여부를 지정하는 접근제어지시자는 3가지 종류가 있는데 그 접근 권한은 다음과 같다. 이때 private인 경우에는 접근제어지시자를 생략하여도 좋다. 이를 생략하면 외부에서 class 멤버들에 접근할 수 없다.

표 6-1 접근제어지시자

접근제어지시자	접근(사용) 허용 범위
public :	자신의 class는 물론 외부 class와 전체 함수
protected :	자신의 class와 상속받아가는 자식 class
private :	자신의 class 내부에서만 사용 가능(생략 가능)

예제 6-1은 class를 설계하고 이를 객체로 만들어 사용하는 기본적인 프로그램이다. 실습을 통해 class의 기본 개념을 이해하기로 한다.

ex 6-1 class선언 기초

```
#include <iostream>
using namespace std;

class CMotor     //(1)
{
private:          // (2)
    const char *m_pCarName;
    int m_nWidth, m_nLength;

public:           // (3)
    void Dimension(const char *strName, int x, int y) //(4)
    {
        m_pCarName=strName;    //(5)
        m_nWidth=x;    m_nLength=y;
        cout<<"차종 : " << m_pCarName<<", ";
        cout<<"폭 : " << m_nWidth<<", ";
        cout<<"길이 : " << m_nLength<<endl ;
    }
};

int main()
{
    CMotor Grandeur, Genesis;                    //(6)
    Grandeur.Dimension("그랜저", 1875, 4990);    //(7)
    Genesis.Dimension("제네시스", 1925, 4995);
    return 0;
}
```

실행결과

```
차종 : 그랜저, 폭 : 1875, 길이: 4990
차종 : 제네시스, 폭 : 1925, 길이: 4995
```

(1) class 선언 : class 이름 CMotor, MFC와 같은 고급언어에서는 class 이름 앞에는 보통 C를 붙여 사용한다. 생략해도 무방.

(2) 3개의 멤버변수를 private로 선언, CMotor class 내에서만 사용 가능

(3) 1개의 멤버함수를 public으로 선언, 외부 main()에서 사용 가능

(4) 멤버함수 실행부분 코딩

(5) 멤버함수를 통해 차종과 제원을 전달받아 private로 선언한 멤버변수에 접근이 가능하도록 정보은닉하는 과정이다.

    private로 선언한 멤버함수 m_pCarName는 main()함수에서 직접적으로 접근할 수 없다. 접근하려면 public으로 선언한 멤버함수를 경유하여야 한다. 만약에 m_pCarName의 접근 제어지시자를 public으로 바꾸면 main() 등 여타 함수에서도 접근이 가능하므로 정보의 은닉이 불가능하다.

(6) 설계도인 CMotor class를 이용하여 메모리에 객체 2개를 생성하는 과정

(7) 독립적인 각각의 객체가 공유하는 멤버함수에 각각의 데이터 전송

여기서 하나의 class에서 객체를 생성할 때 생성된 인스턴스 객체는 각각 멤버변수들이 메모리 공간에서 독립적인 위치를 차지하지만, **멤버함수는 생성된 모든 객체들이 공유한다**는 점은 특이한 사항으로 기억하여야 한다.

예제 6-1에서 멤버함수는 class 외부에 위치시켜도 좋다. 일반적으로 멤버함수 내 코딩의 길이가 상대적으로 긴 경우에는 class 내부에는 원형함수로 선언하고 실행하는 멤버함수의 코드는 외부에 별도로 지정하여 코딩한다. C++응용 프로그램에서 class 선언은 일반적으로 header파일에 선언하고, 멤버함수는 cpp파일에서 상세한 코딩이 작성되는 것이 일반적인 구조이다. 멤버함수를 외부에 위치시키는 경우 멤버함수가 속한 class를 표시해 주어야 하는데, 이 구분자는 :: 를 사용한다. 예제 6-2에서는 예제 6-1을 수정하여 멤버함수를 class 외부에서 코딩하는 경우를 살펴보자.

```
함수자료형 class이름 :: 함수명(매개변수,    ,    )

예)
void CMotor :: Dimension(const char *strName, int x, int y)
{

}
```

ex 6-2 class선언 기초(멤버함수 선언 위치 변동)

```
#include <iostream>
using namespace std;

class CMotor
{
private:
    const char *m_pCarName;
    int m_nWidth, m_nLength;
public:   // (1)
    void Dimension(const char *strName, int x, int y); // (1)
   // {
   //     :
   // }
};

void CMotor::Dimension(const char *strName, int x, int y)  // (2)
{
    m_pCarName=strName;
    m_nWidth=x;    m_nLength=y;

    cout<<"차종 : " << m_pCarName<<", ";
    cout<<"폭 : " << m_nWidth<<", ";
    cout<<"길이 : " << m_nLength<<endl ;
}

int main()
{
    CMotor Grandeur, Genesis;
    Grandeur.Dimension("그랜저", 1875, 4990);
    Genesis.Dimension("제네시스", 1925, 4995);
    return 0;
}
```

실행결과

```
차종 : 그랜저, 폭 : 1875, 길이: 4990
차종 : 제네시스, 폭 : 1925, 길이: 4995
```

(1) 멤버함수 원형 선언, 선언 마지막에 반드시 ; 으로 마감하여야 한다.

(2) 외부에 멤버함수 원형에 대한 상세코드 입력

다음은 예제 6-2 예제에서 접근제어지시자의 사용범위를 이해하기 위하여 몇 가지 경우를 고려하여 예제 6-3에서 실습하기로 한다.

ex 6-3 class선언 기초(접근제어지시자)

```
#include <iostream>
using namespace std;

class CMotor    //
{
private:          // (2)
    const char *m_pCarName;
    int m_nWidth, m_nLength;

public:
    void Dimension(const char *strName, int x, int y);
};

void CMotor::Dimension(const char *strName, int x, int y)
{
    m_pCarName=strName;
    m_nWidth=x;    m_nLength=y;

    cout<<"차종 : " << m_pCarName<<", ";
    cout<<"폭 : " << m_nWidth<<", ";
    cout<<"길이 : " << m_nLength<<endl ;
};
```

```
int main()
{
      CMotor Grandeur, Genesis;
      Grandeur.Dimension("그랜저", 1875, 4990);
      Genesis.Dimension("제네시스", 1925, 4995);
      cout<<Grandeur.m_nWidth<<endl; // (1)

    return 0;
}
```

실행결과

차종 : 그랜저, 폭 : 1875, 길이: 4990
차종 : 제네시스, 폭 : 1925, 길이: 4995

(1) Grandeur 객체 멤버변수 m_nWidth 접근시도 : 에러 발생

(2) 접근제어지시자 public으로 변경하고 (1)의 과정 반복

class 를 동적으로 객체 생성하는 경우는 구조체와 같은 방법을 사용한다. 예제 6.3의 main()을 다음과 같이 수정하면 동일한 결과를 얻는다.

ex 6-3 main() 함수 수정

```
int main()
{
      CMotor Grandeur;
      CMotor* pGenesis=new CMotor;
      Grandeur.Dimension("그랜저", 1875, 4990);
      pGenesis->Dimension("제네시스", 1925, 4995);
      cout << Grandeur.m_nWidth << endl;
      cout << pGenesis->m_nWidth << endl;

    return 0;
}
```

지금까지 공부한 class 선언을 요약하면 다음과 같다.

class 설계 | Keypoint

- class 이름 앞에는 C를 붙여 가독성을 높인다.(생략 가능)
- class는 { 시작해서 }; 로 끝난다.
- 접근제어지시자 허용범위
  - public : 전 영역
  - private : 자신 class 내부
  - protected : 자신 class와 상속받은 자식 class
- 접근제어지시자가 생략되면 private로 동작
- 멤버함수 실행 코딩 위치는 class 내부와 외부 모두 가능
- 멤버함수 실행 코딩 위치 : 외부
  - class 내부에 멤버함수 원형 선언
  - 소속 class :: 멤버함수
- 실제 사용 : 인스턴스된 객체들로 사용
  - class이름　객체명1, 객체명2,....
  - 객체명 . 멤버변수
  - 객체명 . 멤버함수
- 객체 멤버변수는 객체마다 독립적으로 메모리 공간 할당,
  객체 멤버함수는 모든 객체들이 메모리 공간 공유.
- 객체 멤버함수, 변수 접근방법
  (1) 정적으로 class 객체를 생성한 경우
  　객체.멤버함수( );
  　객체.멤버변수;
  (2) 동적으로 class 객체를 생성한 경우
  　객체 -> 멤버함수( )
  　겍체 -> .멤버변수

6.2 상속

상속(Inheritance)은 추상화, 캡슐화와 더불어 객체지향 프로그래밍을 구현하는 중요한 특질 중 하나이다. 상속은 사용자에게 수준 높은 코드의 재활용성을 제공함으로써 프로그램이 간결해지고, class 간에 계층적 관계를 구성함으로써 다형성의 문법적 토대를 제공해 준다.

class를 상속 받는 것은 기존에 정의된 class의 모든 멤버변수와 멤버함수를 물려받고 멤버변수와 멤버함수를 추가하여 새로운 class를 설계한다는 의미이다. 이때 기존에 정의되어 있던 class를 부모 class(parent class) 또는 기초 class(base class), 상위 class(super class)라고 부른다. 그리고 상속을 받아 새롭게 생성되는 class를 자식 class(child class) 또는 파생 class(derived class), 하위 class(sub class)라고 부른다.

이같이 class의 상속은 기존에 작성된 class를 재활용할 수 있으며, 공통적인 부분은 부모 class에 미리 작성하여야 하며 자식 class에서 중복되는 부분은 생략한다. 자식 class를 만들면서 이미 만들어진 부모 class를 상속시키는 문법은 다음과 같다.

```
class 부모class명
{
    // ..
};
class 자식class명 : 접근제어지시자 부모class명
{
    // ..
};
```

여기서 접근제어지시자는 일반적으로 public을 사용하는데, 만약 protected를 사용하였다면 부모 class의 멤버변수와 멤버함수 중에서 public으로 된 부분은 모두 protected로 변환되어 상속받으며, 만약 private를 사용한다면 전체가 private 형식으로 변환되어 상속받는다. 따라서 일반적으로 public을 사용하여 상속이 이루어진다.

만약 자식 class가 하나의 부모 class로부터 상속받으면 단일 상속(single inheritance)이라고 하고, 여러 개의 부모 class로부터 상속받으면 다중 상속(multiple inheritance)이라고 한다. 지금까지 언급한 상속에 대하여 핵심을 요약하면 다음과 같다.

상속 | Keypoint

- 상속이 가능한 부모 class 멤버변수와 멤버함수 접근제어지시자 : protected
- 부모 class의 멤버변수와 멤버함수를 자식 class에서 재선언하지 않아도 사용 가능
- 상속방법
  자식 class명 : public 부모 class명
- 부모 class 멤버변수와 자식 class 멤버변수가 같은 경우
  자식 class 멤버변수가 우선으로 적용.
- 자식 class 객체에서 부모 class 멤버변수를 사용하고자 할 때 :
  부모 class명::부모 class의 멤버변수

예제 6-1에서 private로 선언한 멤버변수를 자식 class에 상속시켜주기 위하여 protected로 바꾸어 예제 6-4를 통해 실습한다. 그리고 (1)과 (2)를 각각 바꾸어가면서 실행해보고 그 차이를 기록해보자.

ex 6-4 상속

```
#include <iostream>
using namespace std;

class CMotor
{
protected:
    const char *m_pCarName;
    int m_nWidth, m_nLength;
public:
    void Dimension(const char *strName, int x, int y)
    {
        m_pCarName=strName;
        m_nWidth=x;    m_nLength=y;
        cout<<"차종 : " << m_pCarName<<", ";
        cout<<"폭 : " << m_nWidth<<", ";
        cout<<"길이 : " << m_nLength<<endl ;
    }
};
```

```
class CNewMotor : public CMotor  // 자식 class CNewMotor
{
public:
    int m_nWidth=10;      // 부모 class 멤버변수와 동일한 멤버변수 선언
    void Area()
    {
//      int nSize=m_nWidth * m_nLength;     // (1) 자식 멤버변수
        int nSize=CMotor::m_nWidth * m_nLength;  // (2) 부모 멤버변수
        cout<<"면적 : "<<nSize<<endl;
    }
};


int main()
{
    CNewMotor Genesis;

    Genesis.Dimension("제네시스", 1925, 4995);
    Genesis.Area();
    return 0;
}
```

실행결과

```
차종 : 제네시스, 폭 : 1925, 길이 : 4995
면적 : 49950          //자식 class 멤버변수 사용
면적 : 9615375       //부모 class 멤버변수 사용
자식 class 폭:10
```

6.3 friend

C++에서 특정 class 객체의 private 멤버변수들은 해당 객체의 public 멤버함수를 통해서만 여타 class 혹은 함수에 접근할 수 있다. 하지만 해당 class가 아닌 지정한 class나 함수에서만 private로 선언된 멤버변수들을 접근할 필요가 있을 수 있다. 그런데 이러한 사안이 발생할 때마다 매번 private 멤버에 접근하기 위하여 추가의 public 멤버함수를 작성하는 것은 매우 효율적이지 못하다.

따라서 C++에서는 이러한 경우를 보완하기 위하여 friend라는 새로운 접근제어를 위한 키워드가 제공된다. friend 키워드로 지정된 해당 class와 함수에서는 private로 선언된 것 여부에 무관하게 public으로 선언한 것처럼 접근이 가능하다.

여기서 friend 키워드는 전역함수, class, 다른 class의 멤버함수 등 세 가지 형태로 사용할 수 있다. friend 키워드를 사용하는 방법은 다음과 같다.

friend | Keypoint

- friend 선언을 통해 접근이 허용되지 않은 멤버함수, 멤버변수에 대하여 외부의 다른 class 혹은 함수에서 접근이 가능하도록 허용
- friend로 허용되는 함수
  - 예) friend int main();
- friend로 허용되는 class
  - 예) friend class CMotor;

ex 6-5 friend

```
#include <iostream>
using namespace std;

class CEVCar
{
friend int main();              // (1)
friend class CHEVCar;          // (1)

private:
    int m_nWidth=10;

    void Steer(int deg)
    {
        cout<<"Steer contorl : "<<deg<<endl;
    }
};

class CHEVCar
{
    CEVCar evcar2;
public:
    void Dimension()
    {
        evcar2.m_nWidth*=10;
        cout<<"width 2: "<<evcar2.m_nWidth<<endl;
    }
};

int main()
{
   CEVCar evcar;
   evcar.Steer(30);    //(2)
   cout<<"width 1 : "<<evcar.m_nWidth<<endl; //(3)

   CHEVCar hevcar;
   hevcar.Dimension(); //(4)
```

```
    return 0;
}
```

실행결과

```
Steer contorl : 30
width 1 : 10
width 2: 100
```

(1) class CEVCar 외부중에서 int main() 함수와 CHEVCar class가 접근이 가능하도록 friend 선언

(2) class CEVCar의 객체 evcar의 멤버함수 호출

(3) class CEVCar의 객체 evcar의 멤버변수 출력

(4) class CHEVCar 객체 hevcar의 멤버함수 호출

6.4 생성자와 소멸자

설계도인 class를 이용하여 객체들을 생성하면, 각각 생성된 객체는 메모리에 독립적으로 즉시 할당(Instance)된다. 이 객체를 구성하는 멤버변수들은 일반적으로 먼저 초기화하여 사용하여야 한다. 그런데 객체의 멤버변수 중에는 private으로 선언된 멤버변수는 외부에서 직접 접근할 수 없으므로 객체의 멤버변수는 일반적인 방식으로는 초기화하여 사용할 수 없다. 따라서 객체가 생성됨과 동시에 모든 멤버변수에 대하여 초기화할 수 있는 함수가 필요하다. 객체가 생성됨과 동시에 최초로 동작하는 함수를 생성자(constructor)라고 하는데 주로 멤버변수들을 초기화 하는데 사용된다. C++에서는 생성자의 이름은 해당 class의 이름과 동일하다. 즉, CMotor 라는 class의 생성자는 CMotor()이다. 이러한 생성자의 특징은 다음과 같다.

생성자 | Keypoint

- 생성자의 이름은 class 이름과 동일하며, 반환(return) 값이 없지만, void형으로 선언하지 않는다.
- 생성자는 초기화를 위한 데이터를 생성자 매개변수의 인수로 전달받을 수 있다.
- 생성자는 객체의 생성과 동시에 자동으로 동작한다.
- 생성자의 매개변수 형태는 오버로딩 규칙에 따라 여러 개의 생성자를 가질 수 있다.

생성자가 객체를 생성할 때 자동으로 호출되는 함수라면, 생성한 객체가 소멸시에 자동으로 호출되는 함수가 필요하다. 즉 객체의 멤버변수를 메모리에서 강제로 소멸시킨다든지 혹은 열린 윈도우 창을 닫으려 할 때 닫기 직전에 필요한 기능을 수행하기 위해 공통적으로 사용되는 함수가 필요하다. 자동차로 생각하면 시동이라는 객체를 끄면 자동으로 주차 브레이크를 작동하거나 각종 전원장치들을 차단하는 기능이 필요한 것과 같은 개념이다.

이러한 역할을 하는 멤버함수를 소멸자(destructor)라고 한다. 소멸자는 객체의 수명이 끝나면 컴파일러에 의해 자동으로 호출되며, 사용이 끝난 객체를 정리해 준다.

C++에서 class 소멸자의 이름은 해당 class의 이름과 같으며, 이름 앞에 물결 표시(tilde, ~)를 붙여 생성자와 구분한다. 즉, CMotor class의 소멸자는 ~CMotor()이라는 이름을 가지게 된다. 이러한 소멸자는 다음과 같은 특징을 갖는다.

소멸자 | Keypoint

- 소멸자의 이름은 class 이름과 동일하며, 반환(return) 값이 없지만, void형으로 선언하지 않는다.
- 소멸자는 소멸자 함수의 매개변수 인수를 갖지 않는다.
- 소멸자는 객체가 소멸(파괴)될 때 자동으로 호출되어 동작한다.
- 소멸자는 생성자와는 달리 단 하나의 소멸자만이 존재한다.
- 동적으로 생성한 생성자는 delete를 사용하여 매모리에서 해제하여야 소멸자가 자동으로 동작한다.

예제 6-6에서 객체 2개를 생성하는 경우, 생성자가 2번 자동으로 호출되는 과정을 보인다. 그리고 프로그램이 } 를 만나 종료될 때 객체 2개가 메모리에서 해제되는데 이때 소멸자가 자동을 동작하는 과정을 실습한다. 생성자와 소멸자는 class 멤버함수와 같이 class 외부에 별도로 위치시켜 코딩할 수 있다.

동적으로 객체를 생성하고 delete를 사용하는 경우와 사용하지 않는 경우에 소멸자의 동작상태를 추가적으로 실습해보기 바란다.

ex 6-6 생성자와 소멸자(기본 형식)

```
#include <iostream>
using namespace std;

class CMotor
{
private:
    const char *m_pCarName;
    int m_nWidth, m_nLength;

public:
    CMotor()    //(1)
    {
        cout<<"생성자"<<endl;
    }
    ~CMotor()   // (2)
    {
        cout<<"소멸자"<<endl;
    }
};

int main()
{
    cout<<"시작\n";
    CMotor Grandeur, Genesis;    // (3)
    cout<<"중간프로그램--\n";
    return 0;
}      // (4)
```

실행결과

```
시작
생성자
생성자
중간프로그램--
소멸자
소멸자
```

(1) 생성자

(2) 소멸자

(3) 객체 2개 생성, 생성과 동시에 생성자 자동으로 2번 호출

(4) }를 만나 생성된 2개의 객체를 메모리에서 해제하면서 자동으로 소멸자 호출하는 과정이다.

예제 6-6에 대하여 생성자와 소멸자를 class 외부에 별도로 위치시켜 실행해보자.

부모 class로부터 상속 받은 자식 class가 동시에 존재할 때 생성자와 소멸자의 동작 순서는 다음과 같다.

상속과 생성자(소멸자) | Keypoint

- 부모 class의 생성자와 소멸자는 자식 class에 상속되지 않는다.
  별개로 선언하여 사용하여야 한다.
- 객체가 생성될 때마다 부모 생성자 → 자식 생성자 순으로 동작하고
- 객체가 사라질 때는 자식 소멸자 → 부모 소멸자 순으로 동작한다.

예제 6-7은 부모 class와 자식 class의 생성자와 소멸자가 동작하는 순서를 실습하는 프로그램이다.

ex 6-7 상속과 생성자

```
#include <iostream>
using namespace std;

class CMotor
{
public:
    CMotor()    // 부모 생성자
    {
        cout<<"부모 생성자\n";
    }
    ~CMotor()    //부모 소멸자
    {
        cout<<"부모 소멸자\n";
    }
};
class CNewMotor : public CMotor
{
public:
   CNewMotor()    // 자식 생성자
   {
        cout<<"자식 생성자"<<endl;
   }
   ~CNewMotor()  // 지식 소멸자
   {
        cout<<"자식 소멸자"<<endl;
   }
};

int main()
{
    CNewMotor Grandeur, Genesis;    // 2개 객체 생성
    cout<<"===========\n";
    return 0;
}              // 2개 객체 소멸
```

실행결과

```
부모 생성자	//Grandeur
자식 생성자	//Grandeur
부모 생성자	//Genesis
자식 생성자	//Genesis
============
자식 소멸자	//Genesis
부모 소멸자	//Genesis
자식 소멸자	//Grandeur
부모 소멸자	//Grandeur
```

2개의 독립적으로 선언된 class에서 어느 한쪽이 다른 쪽의 class를 객체로 생성하여 사용하는 경우 생성자와 소멸자의 관계는 다음과 같다.

독립 class 인스턴스 | Keypoint

- 다른 class의 객체 생성자 → 자신의 객체 생성자 순으로 동작하고
- 객체가 사라질 때는 자신의 객체 소멸자 → 다른 class 객체의 소멸자 순으로 동작한다.

예제 6-8은 CNewMotor와 CMotor 2개의 class를 선언하고 CMotor에서 CNewMotor class를 기반으로 객체를 생성하여 사용하는 경우 생성자와 소멸자의 동작관계를 알아보는 프로그램이다.

ex 6-8 class 내에서 다른 class 인스턴스

```
#include <iostream>
using namespace std;

class CNewMotor
{
public:
    CNewMotor()
    {
        cout<<"생성자1\n";
    }
    ~CNewMotor()
    {
        cout<<"소멸자1\n";
    }
};

class CMotor
{
protected:
    int m_nWidth, m_nLength;

public:
   CNewMotor Motor;     //CNewMotor 객체 Motor 객체 생성
   CMotor()
   {
        cout<<"생성자2"<<endl;
   }
   ~CMotor()
   {
        cout<<"소멸자2"<<endl;
   }
};
```

```
int main()
{
    CMotor Grandeur;
    cout<<"==========\n";
    return 0;
}
```

실행결과

```
생성자1
생성자2
==========
소멸자2
소멸자1
```

class에서 생성자와 소멸자는 반드시 필요한 것은 아니다. 필요한 경우에만 선언하여 사용하면 된다. 예제 6-8에 대하여 생성자와 소멸자를 각각 제어하면서 프로그램을 실행해보자.

C++ 상위 과정인 MFC의 경우 wizard를 이용하면 생성자와 소멸자는 자동으로 생성되기도 한다. 생성자는 생성자 함수의 매개자료형태에 따라 그 이름을 달리한다. 다음 절에서 생성자 형태를 살펴보기로 하자.

6.5 오버로딩 생성자, 멤버변수 초기화

① 오버로딩 생성자

생성자는 객체의 멤버변수를 초기화할 때 생성자의 매개변수 형태에 따라 생성자를 구분하여 사용할 수 있다. 이러한 생성자의 매개변수 형태는 함수의 오버로딩 규칙(5-6절 참조)에 따라 여러 개의 생성자를 가질 수 있다.

오버로딩 생성자 | Keypoint

- **기본 생성자**(default Constructor) : 매개변수가 없는 기본형
- **오버로딩 생성자**(Overloading Constructor) : 매개변수의 자료형이 다양한 형태로 선언된 생성자
- 소멸자는 매개변수가 없는 기본 소멸자만 있다.

예제 6-9는 오버로딩 생성자에 대한 기본 개념을 익히기 위한 프로그램이다.

ex 6-9 생성자와 소멸자

```
#include <iostream>
using namespace std;

class CMotor
{
private:
    const char *m_pCarName;
    int m_nWidth, m_nLength;

public:
    CMotor()    // 기본 생성자
    {
        cout<<"기본 생성자"<<endl;
    }
```

```
    CMotor(int x) //  오버로딩 생성자
    {
        cout<<"오버로딩 생성자 1"<<endl;
        m_nWidth=x;
    }
    CMotor(int x, int y)  //  오버로딩 생성자
    {
        cout<<"오버로딩 생성자2"<<endl;
        m_nWidth=x;    m_nLength=y;
    }
    CMotor(const char* strName, int x, int y)  //  오버로딩 생성자
    {
        cout<<"오버로딩 생성자3"<<endl;
        m_pCarName=strName;
        m_nWidth=x;    m_nLength=y;
    }
};
int main()
{
    CMotor Grandeur;       //기본 생성자 동작
    CMotor K7(1925);       //오버로딩 생성자1 동작
    CMotor SM7(1925, 4995);      // 오버로딩 생성자2 동작
    CMotor Genesis("제네시스", 1925, 4995);      //오버로딩 생성자3 동작
    return 0;
}
```

실행결과

```
기본 생성자
오버로딩 생성자1
오버로딩 생성자2
오버로딩 생성자3
```

예제 6-9에 대하여 생성된 각각의 객체에 대한 멤버변수가 초기화 되었는지를 확인하는 프로그램을 추가하여 실행해보자.

② 멤버변수 초기화

생성자의 용도 중에서 가장 큰 것은 멤버변수의 초기화이다. 멤버변수를 초기화하기 위하여 6.1절에서는 별도를 함수를 사용하였다. 멤버변수를 초기화하는 방법은 생성자 함수내에 직접 표기하는 방법과 생성자에 직접표기하는 방업이 있다. 각각에 대하여는 독자가 편리한 방법을 사용하면 된다. 다음 예제6-10에 생성자를 이용한 다양한 초기화 방법을 보인다.

ex 6-10 생성자를 이용한 변수 초기화

```
#include <iostream>
using namespace std;

class CMotor
{
private:
    int m_nWidth, m_nLength;
    int* m_pHeight = new int(300);     //(1)

public:
    CMotor() : m_nWidth(1000), m_nLength(2000)  //(2)
    {
        *m_pHeight=800;
    }

    CMotor(int x, int y)              //(3)
    {
        m_nWidth = x; m_nLength = y;
    }

    // (4)
    CMotor(int x, int y, int z) : m_nWidth(x),  m_nLength(y), m_pHeight(&z)
    {
    }

   void Printout()
    {
        cout << m_nWidth << "," << m_nLength << "," << *m_pHeight << endl;
    }
};
```

```
int main()
{
    CMotor K5;
    CMotor K7(1860, 4905);
    CMotor K9(2000, 5000, 1000);
    K5.Printout();
    K7.Printout();
    K9.Printout();
    return 0;
}
```

실행결과

```
1000,2000,800
1860,4905,300
2000,5000,1000
```

(1) 동적 메모리 할당에서 초기화

(2) 기본 생성자를 이용한 멤버변수 초기화
단, 동적 메모리의 상수 값 초기화는 {   }에서 처리

(3) 일반적인 초기화 방법

(4) (3)의 다른 방법,
여기서 동적 멤버변수는 주소를 이용하여 초기화하여야 한다. 단 일부 컴파일러에서는 포인터로 선언된 경우 버그가 발생할 수 있다.

6.6 복사생성자

생성된 객체의 멤버변수 데이터를 같은 class 에서 생성된 또 다른 객체의 멤버변수로 일괄 복사하는 생성자를 복사생성자(Copy Constructor)라고 부른다. 복사생성자는 명시적으로 정의하여 선언하는 경우와 C++에서 기본적으로 제공해주는 기본 복사생성자(default copy constructor)로 나눈다. 그 특징은 다음과 같이 요약할 수 있다.

복사생성자 | Keypoint

- 기본 복사생성자(default copy constructor) : C++ 기본 기능을 사용하여 객체간에 멤버변수끼리 초기값을 자동으로 복사해준다.
  class명 객체1;
  class명 객체2=객체1; 또는 **class명 객체2(객체1);**
- 기본 복사생성자로 객체의 멤버변수끼리 복사하는 경우, 멤버변수가 동적으로 선언되어 있으면 주소 복사로 인하여 객체의 멤버변수간에 메모리 공유로 버그(bug)가 발생함.
- 명시적 복사생성자

```
class명(const   class명& 객체명)
{
        매개변수=객체명.매개변수;
}
```

- 동적으로 객체를 생성하여 객체 복사를 하는 경우 기본 복사생성 혹은 명시적 복사생성자를 사용하면 메모리 공유로 버그(bug)가 발생함.
- 동적으로 객체를 생성한 경우에는 명시적 복사생성자를 이용하여야 하며,
- 이때 메모리 공유로 복사생성자를 사용할 수 없고 각각 생성된 객체의 멤버변수들을 초기화 하여야 한다.

① 기본 복사생성자(default copy constructor)

먼저 복사생성자를 명시적으로 선언하지 않고 C++ 언어에서 기본으로 제공해주는 대입 연산자(=)를 이용하여 기존 객체에서 새로운 객체로 멤버변수 데이터를 복사하는 과정을 자세히 공부하기로 한다.

ex 6-11 기본 복사생성자

```
#include <iostream>
using namespace std;

class CMotor
{
private:
    int m_nWidth, m_nLength;                    //(1)
    int* m_pHeight=new int;    //동적으로 멤버변수 메모리 할당

public:
    CMotor()    // 기본 생성자
    {
        cout<<"기본 생성자"<<endl;
    }
    CMotor(int x, int y, int z)  //  오버로딩 생성자
    {
        cout<<"오버로딩 생성자"<<endl;
        m_nWidth=x;   m_nLength=y;   *m_pHeight=z;
    }
    void Change(int x, int y, int z)
    {
        m_nWidth=x;   m_nLength=y;   *m_pHeight=z;
    }
    void Printout()
    {
        cout<<"폭:"<<m_nWidth<<", 길이:"<<m_nLength<<", 높이:"<<*m_pHeight<<endl;
    }
};


int main()
{
    CMotor K5(1860, 4905, 1000);   // (2)
    CMotor K7=K5;  //    CMotor K7(K5)와 동일한 표현,   (3)

    K5.Printout();    K7.Printout();  //(4)
```

```
    K5.Change(1900, 5000, 2000);    //(5)
    cout <<"데이터 변동을 줍니다\n";
    K5.Printout();       K7.Printout();  //(6)

    return 0;
}
```

실행결과

```
오버로딩 생성자
폭:1860, 길이:4905,  높이:1000  //K5
폭:1860, 길이:4905,  높이:1000  //K7
데이터 변동을 줍니다
폭:1900, 길이:5000,  높이:2000  //K5
폭:1860, 길이:4905,  높이:2000  //K7
```

(1) CMotor class에서 2개의 매개변수 선언과, 1개의 멤버변수를 별도로 동적으로 할당

(2) K5로 객체를 생성하고 K5 객체 3개의 멤버변수를 초기화 한다.

(3) 대입연산자를 이용하여 객체 K5의 멤버변수 데이터를 K7 멤버변수에 복사

(4) 객체의 멤버변수가 모두 동일한 결과를 보인다.

(5) K5의 멤버변수 데이터만 수정

(6) K5, K7 객체가 독립적인 것인지 검사
2개의 매개변수는 별도 메모리 공간을 차지하지만, 동적으로 할당된 경우는 복사과정에서 주소가 복사되므로 동일한 메모리 공간을 차지하고 있어서 주의가 필요하다.

동적으로 객체를 생성하고 대입 연산자를 이용하여 객체의 매개변수의 값을 복사하는 경우에 어떻게 동작하는지 예제 6-12를 통해 살펴보자.

ex 6-12 기본 복사생성자(동적으로 객체 생성)

```
#include <iostream>
using namespace std;

class CMotor
{

  // 예제 6-11과 동일
}
int main()
{
    CMotor* K5 = new CMotor(1860, 4905, 1000);    // (1)
    CMotor* K7(K5);  // CMotor* K7=K5; 와 동일 표현, (2)

    K5->Printout();     K7->Printout();
    cout <<"데이터 변동을 줍니다\n";
    K5->Change(1900, 5000, 2000);
    K5->Printout();     K7->Printout();
    return 0;
}
```

실행결과

```
오버로딩 생성자
폭:1860, 길이:4905,  높이:1000  //K5
폭:1860, 길이:4905,  높이:1000  //K7


데이터 변동을 줍니다
폭:1900, 길이:5000,  높이:2000   //K5  (3)
폭:1900, 길이:5000,  높이:2000   //K7  (3)
```

(1) K5로 객체를 동적으로 생성하고 K5 객체 3개의 멤버변수를 초기화.

(2) 대입연산자를 이용하여 객체 K5의 멤버변수 데이터를 K7 멤버변수에 복사

(3) 동시에 데이터가 달라지고 있음을 보인다.

동적으로 객체를 생성하여 메모리를 할당하고 대입 연산자를 이용하여 복사하면 데이터가 아닌 주소가 객체에 복사되므로 객체들은 서로 메모리를 공유하게 되어 하나의 객체의 멤버변수 값들이 변경되면 동시에 모든 객체의 멤버변수의 데이터가 변경이 일어나므로 유의하여야 한다.

② 명시적 복사생성자(copy constructor)

기본 복사생성자 대신에 명시적으로 복사생성자를 생성하는 경우 동적으로 멤버 변수를 할당하는 경우와 동적으로 객체를 생성하는 경우로 각각 나누어 살펴보자. 예제 6-11의 프로그램에 명시적 복사 생성자를 추가하기로 한다.

ex 6-13 명시적 복사생성자

```
#include <iostream>
using namespace std;

class CMotor
{
private:
    int m_nWidth, m_nLength;
    int* m_pHeight=new int;    //동적으로 멤버변수 메모리 할당

public:
    CMotor()    // 기본 생성자
    {
        cout<<"기본 생성자"<<endl;
    }
    CMotor(int x, int y, int z)  //  오버로딩 생성자
    {
        cout<<"오버로딩 생성자"<<endl;
        m_nWidth=x;    m_nLength=y;    *m_pHeight=z;
    }
```

```
        CMotor(CMotor& motor)  //  복사 생성자
        {
            cout << "복사 생성자" << endl;
            m_nWidth = motor.m_nWidth;    m_nLength = motor.m_nLength;
            *m_pHeight = *motor.m_pHeight;
        }
        void Change(int x, int y, int z)
        {
            m_nWidth=x;    m_nLength=y;    *m_pHeight=z;
        }
        void Printout()
        {
            cout<<"폭:"<<m_nWidth<<", 길이:"<<m_nLength<<", 높이:"<<*m_pHeight<<endl;
        }
};
int main()
{
        CMotor K5(1860, 4905, 1000);
        CMotor K7=K5;
        K5.Printout();    K7.Printout();

        cout <<"데이터 변동을 줍니다\n";
        K5.Change(1900, 5000, 2000);
        K5.Printout();    K7.Printout();
        return 0;
}
```

실행결과

```
오버로딩 생성자
복사 생성자
폭:1860, 길이:4905,  높이:1000  //K5
폭:1860, 길이:4905,  높이:1000  //K7
데이터 변동을 줍니다
폭:1900, 길이:5000,  높이:2000  //K5
폭:1860, 길이:4905,  높이:1000  //K7
```

예제로부터 우리는 기본 복사생성자가 동작하여 객체의 멤버변수들의 데이터가 객체끼리 자동으로 복사될 때 동적으로 선언한 멤버변수는 문제가 발생함을 알 수 있었다. 그런데 이 경우 명시적으로 복사생성자를 선언하여 사용하면 메모리 문제에서 발생하는 버그(bug)를 해결할 수 있게 된다.

결론적으로 멤버변수가 모두 동적으로 할당된 경우가 없다면 기본 복사생성자를 사용하고 동적으로 할당된 경우가 있다면 명시적 복사생성자를 추가하여 사용하여야 한다.

그러나 예제 6-12와 같이 동적으로 객체를 생성하면 명시적으로 복사생성자를 선언하여 사용하더라도 동적으로 객체를 생성할 때 주소를 복사하는 방식이므로 하나의 객체에서 데이터가 수정되면 다른 객체의 멤버변수의 데이터가 동시에 변경된다는 점을 주의하여야 한다. 각각 명시적으로 복사생성자를 이용하여 예제 6-14와 같이 동적으로 생성한 객체의 복사를 구현해보자.

동적으로 각각 생성한 객체에 대하여 명시적 복사생성자를 사용하고자 하더라도 주소를 복사하는 형태이므로 객체들은 서로 같은 메모리의 주소를 공유하므로 명시적 복사 생성자를 사용할 수 없다. 이 문제를 해결하기 위해서는 객체가 동적으로 생성되는 경우에는 경우에는 각각 생성된 객체마다 독립적으로 데이터를 초기화하여야 한다. 예제 14를 다음을 적용하여 프로그램을 수정해보자.

```
CMotor* K5 = new CMotor(1860, 4905);
CMotor* K7 = new CMotor(1890, 4950);
```

ex 6-14 명시적 복사생성자(동적으로 객체 생성)

```
#include <iostream>
using namespace std;

class CMotor
{
  // 예제 13과 동일
 }

int main()
{
    CMotor* K5 = new CMotor(1860, 4905, 1000);    // (1)
    CMotor* K7(K5);  // CMotor* K7=K5; 와 동일 표현, (2)

    K5->Printout();      K7->Printout();

   cout <<"데이터 변동을 줍니다\n";
   K5->Change(1900, 5000, 2000);
   K5->Printout();      K7->Printout();
}
```

실행결과

```
오버로딩 생성자
복사 생성자
폭:1860, 길이:4905,  높이:1000  //K5
폭:1860, 길이:4905,  높이:1000  //K7
데이터 변동을 줍니다
폭:1900, 길이:5000,  높이:2000  //K5
폭:1900, 길이:5000,  높이:2000   //K7
```

ex 6-15 동적으로 객체 생성(초기화)

```
#include <iostream>
using namespace std;

class CMotor
{
  // 예제 13과 동일
 }

int main()
{
    CMotor* K5 = new CMotor(1860, 4905, 1000);    // (1)
//  CMotor* K7(K5);  // CMotor* K7=K5; 와 동일 표현, (2)
    CMotor* K7 = new CMotor(1890, 4900, 1200);
    K5->Printout();     K7->Printout();

    K5->Change(1900, 5000, 2000);
    cout <<"데이터 변동을 줍니다\n";
    K5->Printout();     K7->Printout();
}
```

실행결과

```
오버로딩 생성자      //K5
오버로딩 생성자      //K7
폭:1860, 길이:4905,  높이:1000    //K5
폭:1890, 길이:4900,  높이:1200    //K7
데이터 변동을 줍니다
폭:1900, 길이:5000,  높이:2000    //K5
폭:1890, 길이:4900,  높이:1200    //K7
```

상속받는 경우 복사 생성자의 동작은 경우에 따라 좀 더 복잡해진다. 이를 요약 정리하면 다음과 같으며 예제 6-16을 통해 결과를 확인한다.

상속과 복사생성자 | Keypoint

- 부모 class의 기본 생성자는 무조건 선언되어 있어야 한다.
  선언되어 있지 않으면 compile 할 때 error가 발생한다.
- 자식 class의 객체생성, 멤버변수 초기화하면
  ① 부모 class의 기본생성자 동작 → ② 자식 class의 오버로딩 생성자 동작.
- 1. 자식class의 객체 신규 생성 = 기 생성된 자식class의 객체의 초기값 복사
  2. 부모class의 객체 신규 생성 = 기 생성된 자식class의 객체의 초기값 복사
  3. 부모class의 객체 신규 생성 = 기 생성된 부모class의 객체의 초기값 복사
  객체끼리 멤버변수 값 자동으로 복사하는 **기본 복사생성자 동작**
- 자식class의 객체 신규 생성 = 기 생성된 부모class의 객체의 초기값 복사
  에러(error)
- 부모 class 객체생성, 멤버변수 초기화 :
  ① 부모 class의 오버로딩 생성자 동작

ex 6-16 상속과 복사 생성자

```
#include <iostream>
using namespace std;

class CMotor
{
protected:
    int m_nWidth, m_nLength;

public:
    CMotor()
    {
        cout<<"부모 기본 생성자"<<endl;
    }
    CMotor(int x, int y)
    {
        cout<<"부모 오버로딩 생성자"<<endl;
        m_nWidth=x;   m_nLength=y;
    }
    void Printout()
    {
        cout<<"폭:"<<m_nWidth<<", 길이:"<<m_nLength<<endl;
    }
};


class CNewMotor : public CMotor   // 자식 class CNewMotor
{
public:
    CNewMotor()
    {
        cout<<"자식 기본 생성자\n";
    }
    CNewMotor(int x, int y)
    {
       cout<<"자식 오버로딩 생성자\n";
       m_nWidth=x;   m_nLength=y;
    }
};
```

```
int main()
{
    CNewMotor K5(1860, 4905);     //부모 기본생성자, 자식오버로딩 생성자
    K5.Printout();   cout<<"K5=====\n\n";

    CNewMotor K7(K5);             // 기본 복사생성자
    K7.Printout();      cout<<"K7=====\n\n";

    CMotor K9(K5);                // 기본 복사생성자
    K9.Printout();      cout<<"K9=====\n\n";

    CMotor SM5(1800, 5000);       //부모 오버로딩 생성자
    SM5.Printout();    cout<<"SM5======\n\n";

//   CNewMotor SM7(SM5);    // 에러
    return 0;
}
```

실행결과

```
부모 기본 생성자
자식 오버로딩 생성자
폭:1860, 길이:4905
K5=====

폭:1860, 길이:4905    //K7(자식)=K5(자식)
K7=====

폭:1860, 길이:4905   //K9(부모)=K5(지식)
K9=====

부모 오버로딩 생성자
폭:1800, 길이:5000
SM5======

폭:1800, 길이:5000   //SM7(부모)=SM5(부모)
SM7======

에러             //SM9(자식)=SM5(부모)
```

6.7 class 객체와 함수

함수는 매개변수를 통해 데이터 복사, 주소 복사, 참조자 형식으로 데이터가 전달된다. 구조체 객체와 마찬가지로 class 객체도 함수의 매개변수에 복사 혹은 참조자로 객체 전체의 데이터를 전달할 수 있다. 사용하는 방법은 명시적 복사 생성자의 문법과 동일하다.

또한 호출된 실행함수에서 객체를 생성하고 이어 생성된 객체의 멤버변수 데이터를 처리하는 절차를 수행할 수 있다. 그리고 호출하는 함수에 생성된 그 객체를 return 하여 줄 수 있다.

예제 6-17은 일반 실행함수의 매개변수에 class로 생성한 객체를 전달하고자 할 때 적용하는 예제이다. 이때 전달되는 객체는 객체의 모든 멤버변수와 함수를 포함한다. 여기서 참조자(&)를 사용하여도 좋고 안 하여도 결과는 동일하지만 메모리 관점에서는 복사와 참조라는 점을 고려하여야 한다.

ex 6-17 매개변수 객체

```
#include <iostream>
using namespace std;

class CMotor
{
  private:
    int m_nWidth, m_nLength;

public:
    CMotor(int x, int y)
    {
        m_nWidth=x;  m_nLength=y;
    }
    void Change(int x, int y)
    {
        m_nWidth=x;   m_nLength=y;
    }
```

```
    void Printout()
    {
        cout<<"폭:"<<m_nWidth<<", 길이:"<<m_nLength<<endl;
    }
};

void ShowData(CMotor& motor)    // (3)
{
    cout<<"일반 실행함수"<<endl;
    motor.Printout();
}

int main()
{
    CMotor K5(1860, 4905);    //(1)
    ShowData(K5);  // (2) 함수 호출
    return 0;
}
```

실행결과

```
일반 실행함수
폭:1860, 길이:4905
```

(1) 객체 K5를 생성하고 객체의 멤버변수를 초기화

(2) K5 객체 전체를 실행함수의 매개변수에 전달하여,

(3) 실행함수에는 참조자 형식으로 받아 복사하여 프로그램 수행, & 생략시 별도 메모리 공간이 할당된다. 참조자(&)를 사용하면 K5 객체 멤버변수와 motor 멤버변수가 동일한 메모리를 가리키며 이를 생략하면 별도 메모리 공간이므로 중간에 값이 변동될 수 있으므로 참조자 사용 여부를 결정하여야 한다.

다음은 일반함수에서 객체를 생성하고 처리한 결과로 return을 이용하여 전달하는 경우를 살펴보자. 여기서 Initial()함수는 class 멤버함수가 아닌 반환 자료형을 갖는 일반 실행함수이다. 반환 자료형이 class 형식으로 반환될 수 있음을 눈여겨보자.

ex 6-18 객체 return

```
#include <iostream>
using namespace std;

class CMotor
{
  private:
    int m_nWidth, m_nLength;

public:
    CMotor(int x, int y)
    {
        m_nWidth=x;  m_nLength=y;
    }
    void Change(int x, int y)
    {
        m_nWidth=x;    m_nLength=y;
    }
    void Printout()
    {
        cout<<"폭:"<<m_nWidth<<", 길이:"<<m_nLength<<endl;
    }
};

void ShowData(CMotor& motor)    // (3)
{
    cout<<"일반 실행함수"<<endl;
    motor.Printout();
}

CMotor Initial()    //실행함수로, 반환 자료형이 CMotor
{
    cout<<"초기화"<<endl;
    CMotor motor(1860, 4905);
    return motor; // (2)
}
```

```
int main()
{
    CMotor K5=Initial(); // (1)
    K5.Printout();
    return 0;
}
```

실행결과

```
초기화
폭:1860, 길이:4905
```

(1) 실행함수를 호출하고 실행함수로부터 return 받은 객체를 CMotor 객체에 복사

(2) CMotor 객체를 생성하여 객체의 멤버변수를 초기화하고 생성된 객체를class 형식으로 호출함수에 되돌려준다. 여기서 만약 CMotor& Initial()로 참조자로 받으면 motor 객체가 return 후 }를 만나 메모리에서 사라지므로 Compiler에 따라 엉뚱한 데이터를 출력할 수 있으므로 주의하여야 한다. Visual studio Compiler는 이 문제를 보완하였지만, Online C++ Compiler는 오류를 출력한다.

6.8 멤버함수 오버라이딩

C++를 공부할 때 헷갈리는 용어가 함수의 오버로딩(overloading)과 오버라이딩(overriding)이다. 우리가 이미 5-6절에서 함수의 오버로딩에 관하여 공부하였듯이 함수의 오버로딩은 함수를 호출할 때 같은 이름을 가진 실행함수들에 대하여 매개변수의 개수와 자료형에 따라 각각 대응하는 실행함수가 호출되는 경우이다.

반면에 함수의 오버라이딩 C++에서 상속이란 개념과 결합해서 사용한다. 함수의 오버라이딩은 함수의 재정의라고 번역한다. overriding은 사전적인 의미로는 "무시하다, 거절하다, 무효로 하다, 뒤엎다"라는 것으로 부모 class에서 사용하는 함수를 부모 class에서 상속받으면서 그대로 사용하는 것이 아니라 필요에 따라 프로그램 내용을 변형하여 사용하고자 할 때 사용한다. 한마디로 함수의 오버라이딩이란? 상속받은 멤버함수의 원형은 동일하게 유지하고 동작하는 프로그램 내용을 재정의 하는 것을 말한다.

함수의 오버라이딩 | Keypoint

- 상속받은 멤버함수의 재정의
- 자식 class에서 재정의 하지 않으면 부모 class 멤버함수 호출
- 자식 class에서 재정의하면 자식 class 멤버함수 호출

예제 6-19에서는 부모 class CEVCar로부터 상속받은 CNewEVCar에서 멤버함수인 Steer()를 재정의하여 사용하는 프로그램을 보인다. Motor() 함수는 부모 class의 멤버함수를 그대로 사용하며, 재정의한 Steer() 함수는 자식 class의 함수가 호출되는 것을 알 수 있다.

함수의 오버라이딩에 대한 추가적인 기능은 8장 가상함수편에서 별도로 다룬다.

ex 6-19 함수의 오버라이딩(함수의 재 정의)

```
class CEVCar
{
public:
    void Motor()
    {
        cout << "Motor control\n";
    }

    void Battery()
    {
        cout << "BMS control\n";
    }

    void Steer(int deg)
    {
        cout<<"Steer control : "<<deg<<endl;
    }
};

class CNewEVCar: public CEVCar
{
public:
    void Steer() // 함수의 재정의(overriding)
    {
        cout<<"자율주행차 "<<endl;
    }
};


int main()
{
    CNewEVCar newcar;
    newcar.Motor();
    newcar.Steer();    //자식 class 재정의 함수 호출
    newcar.CEVCar::Steer(30); //부모 class 원래 함수 호출
    return 0;
}
```

실행결과

```
Motor control
자율주행차
Steer control : 30
```

예제에서 살펴보았듯이 자식 class에서는 상속받은 Steer() 함수를 재정의하여 사용하고 Motor() 함수는 상속받은 class의 멤버함수를 그대로 사용하였다. 이때 부모 class의 Steer() 함수를 사용하는 방법을 눈여겨 보아라.

```
자식 class 객체 . 부모클래스::멤버함수()
```

6.9 this 포인터

객체를 생성하면 생성된 객체는 특정한 메모리 주소를 갖는다. 이 주소를 가리키는 것이 포인터인데 C++에서 생성된 객체의 주소를 알고 싶거나 활용하고자 할 때 this 명령을 사용한다. 이를 요약하면 다음과 같다.

this 포인터 | Keypoint

- 멤버함수의 매개변수와 class 멤버변수가 동일한 이름을 사용하는 경우 class 멤버변수를 지정하여 사용하고자 할 때,
- 유사한 멤버함수를 연속해서 호출하는 경우 자신이 호출한 인스턴스 주소를 반환하여 코드를 간략화하고자 할 때,
- 객체의 멤버함수를 호출할 때 컴파일 과정에서 자동으로 숨겨져서 전달되는 경우 등에 사용한다.
- 정적(static) 멤버함수는 객체를 생성한 것이 아니므로 this 포인터를 사용할 수 없다.
  (정적멤버함수는 7장에서 다룬다)

compile 과정에서 숨겨져 자동으로 동작하는 this 포인터는 본서에서 생략한다.

ex 6-20 this 포인터

```
#include <iostream>
using namespace std;

class CMotor
{
private:
    int m_nWidth, m_nLength; // (1)

public:
    void Dimension(int m_nWidth, int m_nLength) // (2)
    {
        this->m_nWidth=m_nWidth;  // (3)
        this->m_nLength=m_nLength;
    }
    CMotor* CalArea()
    {
        cout<<"Area:"<<m_nWidth*m_nLength<<endl;
        return this;  //(5)
    }
    void CarName(const char *strName)
    {
        cout<< "차종:"<<strName<<endl;
    }
};

int main()
{
    CMotor Genesis;
    Genesis.Dimension(1925, 4995);
    CMotor *pThis=Genesis.CalArea();  // (4)

    pThis->CarName("Genesis"); // (6)
    Genesis.CarName("Genesis"); //(7)
    cout<<"객체주소 : "<<&Genesis<<", "<< pThis<<endl;  // (8)

    return 0;
}
```

실행결과

```
Area:9615375
차종:Genesis
차종:Genesis
객체주소 : 0x7ffc586d9990, 0x7ffc586d9990
```

(1) 멤버변수 m_nWidth, m_nLength와

(2) 멤버함수 Dimension( )의 매개변수가 동일한 경우, (1)의 멤버변수를 가리키기 위하여 this를 사용하고,

(3) 멤버변수를 초기화한다.

(4) CalArea() 멤버함수를 호출하여 초기화한 멤버변수들을 사용하고

(5) 현재 실행하고 있는 객체의 포인터를 반환한다.

(6) 반환된 이 포인터를 이용하여 멤버함수 CarName()을 호출하는 과정이다.

(8) this 포인터를 통해 반환된 객체의 주소와 생성한 객체의 주소가 같은 주소임을 보이며 객체를 이용한 실행과 포인터를 이용한 객체함수 실행의 결과가 동일함을 알수 있다.

참고로 CalArea() 멤버함수의 this를 포인터가 아닌 참조자 형식으로 반환받을 수도 있다. 예제 6-21에 이를 보인다. 물론 결과는 동일하다.

ex 6-21 this 포인터(참조자 형식)

```
#include <iostream>
using namespace std;

class CMotor
{
   // 중간 생략

    CMotor& CalArea() // (1)
    {
         cout<<"Area:"<<m_nWidth*m_nLength<<endl;
        return *this;  // (2)
    }
  // 중간 생략

int main()
{
    CMotor Genesis;
    Genesis.Dimension(1925, 4995);
    CMotor pThis=Genesis.CalArea();
    pThis.CarName("Genesis");
    cout<<"객체주소 : "<<","<< &Genesis<<", "<< &pThis<<endl;

    return 0;
}
```

7

정적멤버변수와 함수

7 정적멤버변수와 함수

C++에서 class의 멤버변수와 멤버함수를 정적멤버(static member)로 선언하여 사용할 수 있다. 같은 class를 기반으로 생성된 객체들이 특정 멤버변수를 공유하고자 하는 경우나, 객체를 생성하지 않고 멤버함수를 사용하고자 할 때 선언하는 방식을 정적 멤버 선언이라고 한다.

7.1 정적 멤버변수

class 멤버변수를 정적(static)으로 선언하면, 해당 class를 기반으로 생성된 모든 객체에 공동으로 사용하므로 동일한 데이터만으로 유지 관리된다. 이러한 정적 멤버변수는 외부 연결(external linkage)을 가지므로, 여러 파일에서 접근할 수 있는 장점이 있다. 이는 마치 아파트 설계도(class)를 바탕으로 각각의 집을 지었는데 놀이터는 공통적으로 사용하는 개념과 같은 것이다. 정적 멤버변수에도 class 멤버들의 접근 제한 규칙이 적용되므로, 접근이 허용된 class의 멤버함수나 friend로 지정한 함수들만이 정적 멤버변수에 접근할 수 있다. 그러므로 정적 멤버변수를 main()과 같은 외부에서도 접근할 수 있게 하려면 당연히 정적 멤버변수를 public 영역에 선언하여야 한다. 정적 멤버변수에 대하여 요약정리 정리하면 다음과 같다.

정적 멤버변수 | Keypoint

- 모든 객체가 공유한다 : 동일한 class를 기반으로 생성된 여러 개의 객체가 특정 멤버변수를 메모리에서 공유하고자 할 때 사용.
- 객체와 독립적으로 특정 메모리 공간에 고정되어 존재한다.
- 사용법 : class 내 멤버변수 선언 앞에 static을 붙인다.
  공유되는 class 범주를 class 밖에 추가로 선언하여야 한다.

  예)
  ```
  class CMotor
  {
  static int m_nData;
  };
  int CMotor:: m_nData;
  ```

ex 7-1 정적 멤버변수(class 직접 접근)

```
#include <iostream>
using namespace std;

class CMotor
{
public:
//     int m_nWidth;
     static int m_nLength;  // (1) 정적 멤버변수 선언
};

int CMotor::m_nLength;      // (2) 전역으로 공유 되는 멤버변수 선언

int main()
{
     CMotor Grandeur, NewGrandeur;
     CMotor::m_nLength=4990;  //③ 정적 멤버변수, 메모리 공유

     cout<<"정적멤버변수 값: "<<CMotor::m_nLength<<endl;
     cout<<"그랜저 길이: " <<Grandeur.m_nLength<<endl;
     cout<<"뉴그랜저 길이:"<<NewGrandeur.m_nLength<<endl;
     return 0;
}
```

실행결과

```
정적멤버변수 값 : 4990
그랜저 폭:1875, 길이: 4990
뉴그랜저 폭:1880, 길이: 4990
```

위 예제에서 CMotor class에서 정적 멤버변수 m_nLength=4990이 저장된 메모리는 오직 하나의 공간을 가리키므로 각각 생성된 객체들이 공유한다. 따라서 결과는 동일하게 출력하고 있음을 알 수 있다. 여기서 외부에 전역으로 정적 멤버변수로 선언하였을 때 초기값을 입력하여도 좋다.

ex 7-2 정적 멤버변수(초기화)

```
#include <iostream>
using namespace std;

class CMotor
{
public:
//      int m_nWidth;
     static int m_nLength;
};

int CMotor::m_nLength(4990);      // (1) 초기값 입력
// int CMotor::m_nLength=4990; // 상기와 동일한 표현

int main()
{
     CMotor Grandeur, NewGrandeur;
 //    CMotor::m_nLength=4990;
     cout<<"정적멤버변수 값: "<<CMotor::m_nLength<<endl;
     cout<<"그랜저 길이: " <<Grandeur.m_nLength<<endl;
     Grandeur.m_nLength=4995;
     cout<<"뉴그랜저 길이:"<<NewGrandeur.m_nLength<<endl;

     return 0;
}
```

실행결과

```
정적멤버변수 값: 4990
그랜저 길이: 4990
뉴그랜저 길이:4995
```

예제의 결과를 살펴보면 정적 멤버변수 CMotor::m_nLength와 각각의 독립적인 객체의 멤버변수 Grandeur.m_nLength, NewGrandeur.m_nLength가 동일한 메모리를 공유한다는 것을 알 수 있다. 즉 어느 것 하나라도 값이 변하면 동일하게 동시에 변하게 된다.

7.2 정적 멤버함수

특정 class를 기반으로 객체를 생성하지 않고, 직접 멤버함수를 호출하고자 할 때 사용한다. 이 경우 객체가 생성된 것이 아니므로 class의 멤버변수에 접근이 불가능하다. 이때 class에서 선언한 멤버변수에 직접 접근하고자 하면 멤버변수를 정적으로 선언하여야 한다. 이상의 정적 멤버함수의 특징을 요약하면 다음과 같다.

정적 멤버함수 | Keypoint

- class 외부에서 객체 생성 없이 class의 특정 멤버함수로 접근하고자 할 때 사용한다.
- 객체가 추가로 생성된 경우하면 객체 이름으로 호출해도 무방하지만 가급적 class 이름으로 직접호출 권장
- class내 멤버함수 선언 앞에 static을 붙인다.
  예) static void Func(int arg)
- 객체가 생성된 것이 아니므로 독립적으로 특정 메모리 주소에 고정되어 존재한다.
- 정적 멤버함수내에서 class내 멤버변수를 직접 사용할 수 없다.
- 정적 멤버함수내에서 class내 정적 멤버변수로 선언하면 사용이 가능하다.

예제 7-3은 정적으로 선언된 Dimension()함수를 main()에서 객체 생성 없이 직접 호출하여 사용하는 예제를 보인다.

ex 7-3 정적 멤버함수

```
#include <iostream>
using namespace std;

class CMotor
{
private:
    int m_nWidth;
    static int m_nLength;  // 정적 멤버변수 선언 : 정적함수에서 사용 가능

public:
    static void Dimension(int x, int y)
    {
        m_nWidth=x;         // (1) Error
        m_nLength=y;
        int z= x * y;
        cout<<"x=" << x <<", y=" << y <<endl;

    }
};

int CMotor::m_nLength;

int main()
{
  CMotor::Dimension(1875, 4990);

  return 0;
}
```

실행결과

```
invalid use of member 'CMotor::m_nWidth' in static member function

x=1875, y=4990     // (1) 설명문 처리하여 실행한 경우
```

8

프로그램의 다형성

8 프로그램의 다형성

8.1 가상함수(virtual function)

새로운 자동차가 출시되고 이듬해가 되면 대부분 기존 차량을 바탕으로 부분적인 모델 체인지가 이루어진다. 초기 모델 중 후속 모델에서 조향장치제어 부분이 바뀌고 제동장치는 변동이 없었다고 가정해보자. 후속 모델 차량을 생산하여 출시하고자 할 때 제동장치는 초기 모델을 그대로 적용할 것이고 조향장치는 후속 모델의 조향장치를 적용하면 된다. 만약 초기 모델도 동시에 생산하고자 할 때는 초기 모델을 선택할 수 있도록 시스템이 구축된다면 보다 체계적으로 생산을 관리할 수 있을 것이다.

같은 개념으로 C 언어의 고급 응용인 MFC에서는 기본적으로 printing 할 수 있는 함수를 제공해준다. 대부분 응용 프로그램에서는 MFC가 제공해주는 printing 함수를 사용하지만 어떤 프로그래머는 printing 함수를 재정의하여 사용하고 싶은 경우가 발생할 수 있다. 이같이 C++에서 부모 class의 함수를 자식 class에서 상속받아 사용하는데 자식 class에서 부모 class를 재정의 없이 그대로 사용하는 경우가 있을 수 있고, 자식 class에서 그 기능을 재정의 할 필요가 있는 경우도 있다. 전자는 자식 class에서 상속받아 별도의 추가없이 사용하면 되고, 후자는 동일한 이름을 가진 함수를 자식 class에서 재정의하여 사용한다. 이에 대하여는 6-2절에서 다루었다.

그런데 부모 class와 동일한 이름을 갖는 자식 class에서 재정의한 함수에 대하여 필요에 따라 부모 class의 함수 혹은 자식 클래스에서 재정의 함수를 선택적으로 사용할 필요가 생긴다. 이런 요구조건을 충족하기 위하여 자식 class에서 재정의할 것으로 기대하는 멤버함수를 지정하여 부모 class에 표기할 필요가 있다. 이렇게 지정하는 함수를 가상함수(virtual function)라고 말한다.

다시 말해 부모 class에서 선언한 함수를 자식 class에서 재정의하여 사용하고자 할 때 부모 class의 멤버함수와 자식 class의 재정의 함수를 선택적으로 사용할 수 있도록 허가를 내주는 개념이다. 이러한 가상함수는 자신을 호출하는 객체의 동적 타입에 따라 실제 부모 class 멤버함수 또는 자식 class 재정의 멤버함수를 선택적으로 호출할 수 있다. C++에서 가상함수는 virtual 키워드를 사용하여 선언한다.

사용하는 방법은 참조자 혹은 포인터를 이용하는 경우 모두 가능하다. 부모 class를 기반으로 동적으로 생성된 객체 혹은 참조자에게 객체를 복사하면 부모 class의 멤버함수를 사용할 수 있게 한다. 반면에 자식 class를 대상으로 하는 방법은 자식 class 멤버함수에만 접근이 가능하다. 그 특징을 요약하면 다음과 같다.

가상함수 | Keypoint

- 부모 또는 자식 class에서 부모 class 멤버함수 또는 자식 class의 오버라이딩 멤버함수를 선택적으로 사용하고자 할 때 사용
- 부모 class 멤버함수명에 가상함수 (키워드 virtual) 선언
  예) **virtual** void Func(int arg) // 부모 class
  void Func(int arg) // 자식 class에 추가로 선언하여 사용
- 부모 class 멤버함수 적용 방법 :
  부모 class로 객체 참조자 선언 = 부모 class 객체; 또는
  부모 class 포인터 객체 신규 생성 = 부모 class 객체 주소 복사;
- 자식 class 멤버함수 적용 방법 :
  부모 class로 객체 참조자 선언 = 자식 class 객체; 또는
  부모 class 포인터 객체 신규 생성 = 자식 class 객체 주소 복사;
- 참조자로 선언하지 않아도 되지만, 참조가 아닌 별도 객체를 생성하면 생성된 class 객체가 메모리를 별도로 할당받으므로 메모리 관리에 효율적이지 못하여 참조자를 선언하여 사용할 것을 권장한다.
  예) 자식 class 멤버함수 사용
  CChild K1;
  CParent& K2=K1;
  K2.멤버변수

예제 8-1은 부모 class에서 virtual로 선언된 2개의 멤버함수와 일반으로 선언한 1개의 멤버함수에 대하여 상속받은 자식 class에서 가상함수를 선언한 경우와 선언하지 않은 경우로 나누어 표현하였다. 각각의 경우에 호출되는 함수의 특징을 실습을 통해 살펴보기로 한다.

ex 8-1 가상함수(참조자)

```
#include <iostream>
using namespace std;

class CEVCar  //(1)
{
public:
    void Motor() // (3) 멤버 함수 선언
    {
        cout << "Motor control\n";
    }
    virtual void Battery()      // (4) 가상 함수 선언
    {
        cout << "BMS control\n";
    }
    virtual void Steer(const char *pControl) // (4) 가상 함수 선언
    {
        cout<<"Driver "<<pControl<<endl;
    }
};

class CNewEVCar: public CEVCar  //(2)
{
public:
    void Steer(const char *pControl) // (5) 가상 함수의 재정의(overriding)
    {
        cout<<"Driveless "<<pControl<<endl;
    }
};
```

```
void SelectCar(CEVCar& pCar)   //(9)
{
    const char *pStr="Steer Control";
    pCar.Motor();
    pCar.Battery();
    pCar.Steer(pStr);   //(10)
    cout << "--------------------" << endl;
}

int main()
{
    CEVCar evcar;             // (6)
    CNewEVCar newcar;         // (7)

    SelectCar(evcar);   //(8)
    SelectCar(newcar); //(11)
    return 0;
}
```

실행결과

```
Motor control
BMS control
Driver Steer Control
--------------------
Motor control
BMS control
Driverless Steer Control
--------------------
```

예제 8-1은 참조자를 이용하여 가상함수를 호출하는 방식을 보였다. 동작 순서는 다음과 같다.

(1) 부모 class 선언

(2) 자식 class 선언

(3) 부모 class 일반 멤버함수 선언

(4) 부모 class 가상함수 선언 2개(Battery(), Steer())

(5) 자식 class 가상함수 1개만 재정의(Steer())

(6) 부모 class 객체 생성 : evcar

(7) 자식 class 객체 생성 : newcar

(8) 부모 class 객체 전달

(9) 전달된 부모 class 객체 -> 부모 class 객체로 참조자 선언

(10) 참조자가 가르키는 함수 호출

(11) 자식 class 객체 전달,
이후 (9) (10) 반복

가상함수로 선언된 Battery()는 자식 class에서 재정의하여 사용하지 않았으므로 부모 class의 Battery() 함수가 호출되고 있음을 알 수 있다. 반면에 Steer() 함수는 자식 class에서 가상함수로 재정의 되어 사용되며 부모 class 객체로 참조자가 선언되는 경우는 부모 class의 Steer() 함수가, 자식 class 객체로 참조자가 선언될 경우는 자식 class의 Steer() 함수가 적용되고 있음을 결과를 통해 알 수 있다.

예제 8-2는 같은 방법으로 참조자 대신 포인터를 이용하는 방법이다. 결과는 동일하다.

ex 8-2 가상함수(포인터)

```
// 예제 8-1, 중간 생략

void SelectCar(CEVCar *pCar) //(9)
{
    const char *pStr="Drive Steer Control";
    pCar->Motor();
    pCar->Battery();
    pCar->Steer();      //(10)
    cout << "--------------------" << endl;
}

int main()
{
    CEVCar evcar;           // EVCar
    CNewEVCar newcar;       // NewEVCar

    SelectCar(&evcar);    //(8)
    SelectCar(&newcar);   //(11)
return 0;
}
```

실행결과

//예제 8-1과 동일

(8) 부모 class 객체 주소 전달

(9) 전달된 부모 class 객체 주소 ->부모 class 객체에 주소 복사 생성

(10) 매개변수 객체주소가 가르치는 함수 호출

(11) 자식 class 객체 주소 전달,
이후 (9) (10) 반복

8.2 순수 가상함수

앞 절에서 자식 class에서 재정의할 것으로 기대하는 가상함수는 부모 class에서 virtual 키워드를 사용하여 선언하고 자식 class에서 필요에 따라 재정의하여 그 기능을 달리하는 경우를 학습하였다. 이 경우 부모 class의 참조자 혹은 포인터를 기반으로 부모 class 객체에 적용하면 부모 class 멤버함수에 접근이 가능하고, 자식 class 객체에 적용하면 자식 class 함수를 사용할 수 있었다. 그런데 오직 자식 class에서 재 정의된 오버라이딩 멤버함수만 사용하는 경우라면 부모 class에 별도로 코딩할 필요가 없다. 이때 오직 자식 class 들에서만 반드시 각각 가상함수로써 그 기능을 다르게 사용하고자 할 때 선언하는 가상함수를 순수 가상함수(pure virtual function)라고 한다. 이 교재에서는 앞 절에서 공부한 가상함수는 순수 가상함수가 아닌 경우와 구분하기 위하여 일반 가상함수하고 부르기로 한다.

C++에서는 하나 이상의 순수 가상함수를 포함하고 있는 부모 class를 특별히 추상 class(abstract class)라고 부르기도 한다. 이는 객체지향프로그래밍에서 중요한 특징인 다형성을 가진 함수의 집합을 재정의할 수 있게 해준다. 다시 말해 추상 class에 순수 가상함수로 선언해 놓으면, 이 class로부터 파생된 모든 자식 class에서는 이 가상함수를 반드시 재정의하여야 한다. 그런데 추상 class는 동작이 정의되지 않은 순수 가상함수를 포함하고 있으므로, 인스턴스를 별도로 생성할 수 없다. 그러므로 추상 class를 사용하기 위해서는 반드시 참조자를 활용하여야 한다.

따라서 추상 class는 먼저 상속을 통해 파생 class인 자식 class를 만들고, 자식 class에서 순수 가상함수를 모두 오버라이딩하여야 비로소 자식 class의 객체를 생성할 수 있게 된다. 사용하는 방법은 멤버함수만 있고 본체가 없다는 의미로 부모 class에서 가상함수 함수 끝에 "=0"을 추가한다.

다시 정리하면 순수 가상함수는 자식 class에서는 가상함수를 반드시 정의하여 사용하라는 의무를 부모 class에서 부여하고자 할 때 사용한다. 일반 가상함수는 자식 class에서 재정의해도 좋다는 허가일뿐 의무사항은 아니었다. 일반 가상함수로 선언한 경우, 부모 class의 가상함수와 자식 class의 가상함수를 선택적으로 사용할 수 있었지만, 순수 가상함수가 포함된 부모 class는 직접적으로 객체를 생성할 수 없으므로 부모 class의 일반 가상함수는 객체를 생성하여 직접적으로 사용할 수 없다.

C++에서 순수 가상함수를 요약하면 다음과 같다.

순수 가상함수 | Keypoint

- 가상함수 중에서 부모 class 멤버함수는 사용하지 않고 오직 자식 class에서만 오버라이딩 가상함수를 사용하고자 하는 경우
- 부모 class 함수명에 가상함수 (키워드 virtual) 선언=0
  예) **virtual** void Func(int arg)=0 //부모 class
  void Func(int arg) // 자식 class에 기능을 선언하여 사용
- 자식 class 가상 함수 적용 방법 :
  부모 class 객체 참조자 선언 = 자식 class 객체; 또는
  부모 class 포인터 객체 생성 = 자식 class 객체 주소 복사
- 추상 class는 직접적으로 객체를 생성할 수 없으며 참조자를 통해 멤버함수들을 접근해야 한다.

예제 8-3에서 부모 class에는 일반 멤버함수 1개, 일반 가상함수 1개, 순수 가상함수 1개가 선언되었고 이를 상속한 2개의 자식 class가 선언되었다. CSuvEVCar 자식 class에서는 1개의 부모 class의 순수 가상함수를 정의하였고 1개의 일반 가상함수를 재정의 하였다. 그리고 CSedanEVCar class에서는 부모 class의 순수 가상함수만 재정의 하여 그 기능의 차이를 분별하도록 하였다. 프로그램을 실행시키면 다음 조건에 따라 각각 멤버함수가 호출되는 것을 알 수 있다.

- 부모 class의 멤버함수는 상속 받아 그대로 사용 가능
- 일반 가상함수가 부모 class에서만 선언된 경우는 부모 class의 가상함수 호출
- 일반 가상함수가 자식 class에서 재정의된 경우는 자식 class의 가상함수 호출
- 순수 가상함수는 각각의 자식 class에서만 사용 가능

실습과정에서 (7)을 이용하여 부모 class의 객체를 생성해보자. 어떤 결과가 나타나는지 관찰해 본다. (8) 순수 가상함수 전체를 삭세하면 어떻게 동작하는지도 살펴보기로 한다.

ex 8-3 순수 가상함수(참조자)

```
#include <iostream>

using namespace std;
class CEVCar   // 부모 class, 추상 class
{
public:
    void Motor()
    {
        cout << "Motor control\n";
    }
    virtual void Steer(const char *pControl) // 가상 함수 선언
    {
         cout<<"Driver "<<pControl<<endl;
    }
    virtual void Door()=0;    // 순수 가상함수 선언
};

class CSuvEVCar: public CEVCar // 자식 class 1
{
public:
    void Door()                          // 순수 가상함수 정의
    {
        cout<<"Slide door"<<endl;
    }
    void Steer(const char *pControl) // 가상 함수의 재정의(overriding)
    {
         cout<<"Suv "<<pControl<<endl;
    }
};
```

```
class CSedanEVCar: public CEVCar  // 자식 class 2
{
public:
    void Door()     //(8)
    {
        cout<<"Hinged door"<<endl;
    }
};

int main()
{
    CSuvEVCar Suvcar;           // (1) 자식 class 객체 생성
    CSedanEVCar* pSedancar=new CSedanEVCar; // (2)  자식 class 객체 생성

    CEVCar& Suv=Suvcar;   // (3) 부모 class로 객체 참조자 선언
    Suv.Motor();      // (4)
    Suv.Door();       // (5)
    Suv.Steer("Steer Control"); //(6)
    cout<<"-----------------\n";

    CEVCar* pSedan=pSedancar;  //(7)
    pSedan->Door();
    pSedan->Steer("Steer Control");

//      CEVCar Suvcar;    (8)
    return 0;
}
```

실행결과

```
Motor control
Slide door
Suv Steer Control
-----------------
Hinged door
Driver Steer Control
```

순수가상함수 예제 8-3의 동작 설명은 다음과 같다.

(1) 자식 class CSuvEVCar 객체 suvcar 생성

(2) 자식 class CSedanEVCar 객체 pSedancar 생성

(3) 부모 class로 객체 참조자 선언=자식 class 객체 대입

(4) 부모 class 객체 함수 호출 : 자식 class에 재정의 함수가 없으므로.

(5) 자식 class 순수 가상함수 호출

(6) 일반 가상함수가 재정의된 경우 자식 class 가상함수 호출

(7) 부모 class 포인터 객체 생성=자식 class 객체 복사

(8) 순수 가상함수가 포함한 부모 class의 객체 생성 : error

9

class 연산자

9 class 연산자

복소수는 실수부와 허수부의 합으로 표시된다. 복소수 $a=3+j4$와 $b=1+j2$가 있다면 $a+b=4+j6$으로 계산한다. 즉 실수부는 실수부끼리 허수부는 허수부끼리 더하면 된다. 만약 실수부와 허수부 2개의 멤버변수로 구성된 Complex라는 class가 있다면 객체를 2개 생성하여 복소수 연산을 한다고 가정해보자. 이를 구현하기 위하여 예제 9-1과 같이 단순히 + 연산자를 이용하여 컴파일하면 프로그램 오류가 발생한다.

9.1 연산자 기능확장

class 객체 멤버변수들 간에 사칙연산 혹은 멤버변수와 일반변수의 사칙연산도 일반 변수들간에 사칙연산처럼 쉽게 처리할 필요가 있다. 이와 같은 요구에 대하여 C++에서는 C 언어의 연산자 기능을 확대하여 제공한다. 이를 "연산자 오버로딩" 또는 "연산자 중복"이라고 한다. 연산자 오버로딩은 기본적으로 함수의 오버로딩과 같이 연산자도 하나의 함수라는 개념을 사용하여 중복으로 정의할 수 있다. 중복되는 연산자 함수는 class의 멤버함수나 friend 함수로 정의가 가능하며, 함수 이름 대신에 operator 키워드를 사용한다. 여기서 적용하는 연산자는 +, -, *, /, %, ++, --, ~ & |, ·, 〈〈, 〉〉 등을 주로 사용하는데 한 예로 더하기 연산의 경우 다음과 같이 4가지의 더하는 경우가 생길 수 있다.

① class 객체 멤버변수 + 일반변수 또는 상수
② 일반변수 또는 상수 + class 객체 멤버변수
③ class 객체 멤버변수 + class 객체 멤버변수
④ class 객체 멤버변수 + class 객체 멤버변수 + 일반변수 또는 상수

ex 9-1 class 객체간 연산

```
#include <iostream>
using namespace std;
class CComplex
{
private:
    double x, y;
public:
    CComplex(double a, double b)
    {
        x=a;  y=b;
    }
    void ShowComplex()
    {
        cout<<"a+b="<<x<<"+j"<<y<<endl;
    }
};
int main()
{
   CComplex A(3,4), B(1,2);
   CComplex sum=A+B;
   sum.ShowComplex();
   return 0;
}
```

실행결과

```
no match for 'operator+' (operand types are 'CComplex' and 'CComplex'), CComplex sum=A+B;
```

연산자 오버로딩 | Keypoint

- class 객체간 멤버변수들끼리 직접적으로 연산 혹은 class 멤버변수와 일반 변수 또는 상수와 데이터를 연산 처리하고자 하는 경우에 적용.
- 연산자를 class 멤버함수로 인식하는 기능
- 연산자 오버로딩 함수 선언 방법

```
반환자료형 opreate oprator(매개변수자료형 매개변수) //매개변수 1개
{
  객체 멤버변수 연산...
  return 객체;
}
예)
CComplex operate +(CComplex& arg)
(
  CComplex zsum;
  :
  return zsum;
)
```

연산자 오버로딩 방법은 멤버함수에 의한 오버로딩 방법과 전역 연산자 함수에 의한 오버로딩이 방법이 있다. 먼저 멤버함수에 의한 오버로딩을 공부하기로 하자.

예제 9-1에서 복소수 연산하는 프로그램의 컴파일 오류를 해결하기 위해서는 s=A+B; 문장에서 '+'연산자를 만나면 실행하는 함수를 정의하여야 한다. 실행함수를 선언하는 방법은 Keypoint에서 기술한 내용을 바탕으로 예제 9-2와 같이 추가하면 된다.

ex 9-2 class 객체 멤버변수 연산(멤버함수 오버로딩)

```
#include <iostream>
using namespace std;
class CComplex
{
private:
    double x, y;
public:
    CComplex(double a, double b)      //생성자 오버로딩
    {
        x=a;   y=b;
    }
    CComplex operator+(CComplex& arg)   // 연산자 오버로딩
    {
        CComplex sumz(0,0);
        sumz.x=x+arg.x; sumz.y=y+arg.y;   //x ← A.x, arg.x ← B.x
        return sumz;
    }
    void ShowComplex()
    {
        cout<<"a+b="<<x<<"+j"<<y<<endl;
    }
};
int main()
{
   CComplex A(3,4), B(1,2);  //객체  A, B  초기화
   CComplex sum=A+B;
   sum.ShowComplex();
   return 0;
}
```

실행결과

```
a+b=4+j6
```

예제 9-2는 class 객체 멤버변수 + class 객체 멤버변수의 연산과정을 보여준다. 추가로 class 객체 멤버변수 + 일반변수 또는 상수를 구현하는 과정을 예제 9-2에 추가하면 예제 9-3과 같다.

ex 9-3 class 객체 멤버변수 + 상수

```
#include <iostream>
using namespace std;

class CComplex
{
private:
    double x, y;
public:
    CComplex(double a, double b)      //생성자 오버로딩
    {
        x=a;  y=b;
    }
    CComplex operator+(CComplex& arg)  // 연산자 오버로딩
    {
        CComplex sumz(0,0);
        sumz.x=x+arg.x; sumz.y=y+arg.y;
        return sumz;
    }
    CComplex operator+(int r)       // 연산자 오버로딩
    {
        CComplex sumz(0,0);
        sumz.x=x+r; sumz.y=y;  //실수부만 더하기 연산
        return sumz;
    }
};
```

```
int main()
{
    CComplex A(3,4), B(1,2);  //객체  A, B  초기화
    CComplex sum=A+10;
// CComplex sum=10+A; // 에러
    sum.ShowComplex();
    return 0;
}
```

실행결과

```
a+b=13+j4
```

CComplex sum=A+10; 은 객체 A의 멤버변수값 + 상수(10)을 연산하는 과정이다.

CComplex sum=10+A; 은 상수(10) + 객체 A의 변수들을 계산하는 과정에서 에러가 발생한다. 이같이 멤버함수에 의한 오버로딩은 연산하는 대상이나 순서에 따라 오류가 발생되는 경우가 있어 주의가 요구된다.

이상이 예제 과정에 대하여 객체 곱하기와 나누기를 수행하는 프로그램으로 변경하여 실습해 보자. 멤버함수에 의한 오버로딩으로만 동작하는 =, (), [], -> 등의 class 연산자를 구현하고자 한다면 일반 C++ 서적을 참고하기 바란다.

9.2 전역 연산자 함수 오버로딩

앞서 살펴보았듯이 객체 멤버함수에 의한 오버로딩은 연산 순서에 민감하게 동작하였다. 순서에 민감한 프로그램이라면 전역 연산자 함수 오버로딩 방법을 사용하여야 한다. 특징은 연산자 오버로딩 매개변수가 1개가 아닌 2개를 사용할 수 있다는 점이다. 또한 이 경우 멤버변수는 전역에서 사용하여야 하므로 반드시 public 선언되어 있어야 한다.

전역 연산자 | Keypoint

- 객체와 변수간에 연산에서 순서에 영향을 받는 경우 사용
- 멤버변수는 반드시 public으로 선언되어야 한다.
- 연산자를 class 멤버함수로 인식하는 기능
- 매개변수가 2개
- 매개변수가 3개 이상인 경우는 동작 불가
- 연산자 오버로딩 함수 선언 방법

```
반환자료형 operate operator(매개변수1, 매개변수 2)
{
  객체 멤버변수 연산...
  return 객체;
}
예)
CComplex operate +(CComplex &arg1, CComplex &arg2)
(
  CComplex zsum;
  :
  return zsum;
)
```

예제 9-3과 같이 순서를 고려하여야 하는 경우, 전역 연산자 오버로딩 기능을 사용하여 예제 9-4와 같이 에러를 수정해보자.

ex 9-4 전역 연산자 함수 오버로딩

```
#include <iostream>
using namespace std;

class CComplex
{
public:                          //(1)
    double x, y;
public:
    CComplex(double a, double b)
    {
        x=a;  y=b;
    }
    void ShowComplex()
    {
        cout<<"a+b="<<x<<"+j"<<y<<endl;
    }
};

CComplex operator+(CComplex &arg1, CComplex &arg2)  //(2)
{
    CComplex sumz(0, 0);
    sumz.x=arg1.x+arg2.x; sumz.y=arg1.y+arg2.y;
    return sumz;
}
CComplex operator+(CComplex &arg, int r) //(3)
{
    CComplex sumz(0, 0);
    sumz.x=arg.x+r; sumz.y=arg.y;  // 복소수의 실수부 + 정수
    return sumz;
}
```

```
CComplex operator+(int r, CComplex &arg) //(4)
{
    CComplex sumz(0, 0);
    sumz.x=r+arg.x; sumz.y=arg.y;    // 정수 + 복소수의 실수부
    return sumz;
}

int main()
{
   int nData=10;
   CComplex A(3,4), B(1,2);  // (3+j4),  (1+j2)

   CComplex sum=A+nData ;  // 3+j4 +10
   sum.ShowComplex();

   sum=nData+A;
   sum.ShowComplex();  // 10+ 3+j4

   sum=A+B;
   sum.ShowComplex();  //(3+j4) + (1+j2)

   //sum=A+B+nData;  //    (5)
   sum=sum+nData;
   sum.ShowComplex();  //(3+j4) + (1+j2) +10
   return 0;
}
```

실행결과

```
a+b=13+j4
a+b=13+j4
a+b=4+j6
a+b=14+j6
```

상기 예제에서 객체 A + 변수 와 변수 + 객체 A가 오류 없이 동일한 결과를 얻을 수 있음을 보였다. 프로그램에 대한 추가 설명은 다음과 같다.

(1) 외부 전역 함수에서 사용하기 위하여 public으로 설정

(2) class 객체 멤버변수 + class 객체 멤버변수

(3) class 객체 멤버변수 + 변수

(4) 변수 + class 객체 멤버변수

(5) 객체 A +객체 B + 변수 : 에러
전역 연산자 함수가 인자를 두 개로 정해져 받기 때문에 나누어 연산하여야 한다.
객체 sum = 객체 A +객체 B ;
객체 sum = 객체 sum + 변수

10

템플릿 (Template)

10 템플릿(Template)

어떤 종류의 언어를 사용하든지 간에 프로그램을 자유자재로 구현하는 데 있어서 가장 중요한 요소 중의 하나는 함수라 해도 지나치지 않을 것이다. C++ 객체지향프로그래밍에서도 프로그래머가 함수를 더욱더 쉽게 사용할 수 있도록 함수에는 다양한 기능이 추가되고 있다. 한 예로 함수의 매개변수에 따라 동일한 함수명을 사용할 수 있도록 하는 함수의 중첩(overloading) 기능, 디폴트 매개변수를 갖는 함수, class에서 함수의 상속에 따른 재정의(overriding) 기능 등을 들 수 있다.

이러한 기능에 추가적으로 만약 어떤 기본 틀을 가진 함수가 있다면, 이 함수의 틀을 기본으로 매개변수의 성격에 따라 자동으로 일치하는 함수를 찍어 낸다면 더욱 편리하게 프로그램을 구성할 수 있을 것이다. C++는 전형적인 객체지향 프로그램이지만 이러한 기능을 추가하면서 일반화 프로그래밍으로 확장하는 추세이다. 일반화라는 의미는 함수나 class 코드를 찍어내듯이 만들어 내는 것을 말한다.

일반화 프로그래밍(Generic Programming)은 알고리즘에 중점을 두는 언어인데, C++ 언어는 템플릿(Template)을 통해 일반화 프로그램을 구현한다. 템플릿이란 "형판" 이란 뜻으로 금형처럼 본을 떠서 제품을 찍어 내는 형틀과 같은 의미이다. 다시 말해 함수를 하나의 틀에서 조건에 따라 찍어 내듯이 생성하는 메커니즘의 개념을 말한다. 이때 함수를 찍어내는 틀을 함수 템플릿(Function template)이라고 부른다. 함수 템플릿을 사용하면 매개변수 타입마다 별도의 함수나 class를 만들지 않고, 여러 자료형의 매개변수에서 동작할 수 있는 하나의 함수 형틀을 작성하는 것이 가능하다.

10.1 함수 템플릿 기본

함수 템플릿을 이해하기 위하여 예제 프로그램을 통해 필요성을 먼저 도출해보자. 예제 10-1에서는 조건에 따라 더하기/빼기 연산하는 함수가 정의되었다. C++에서는 5-6절에서 살펴보았듯이 함수중첩(overloading) 기능을 이용하여 동일한 기능을 수행하는 함수에 대하여 매개변수의 데이터 형식에 따라 같은 함수의 이름을 사용할 수는 있지만, 별도로 각각 기능마다 함수를 추가로 선언하여 사용할 수밖에 없었다. 즉 매개변수의 실수값 혹은 정수값에 따라 더하기/빼기 기능을 수행하기 위하여 같은 이름의 함수를 두 개나 선언하였는데 이는 매우 비효율적이다.

ex 10-1 더하기 함수 선언

```
#include <iostream>
using namespace std;

int Cal(int x, int y, int z)
{
    int nResult;
    if ( z>5 )    nResult= x + y;
    else          nResult= x - y;
    return nResult;
}
double Cal(double x, double y, int z)
{
    double nResult;
    if ( z>5 )    nResult= x + y;
    else          nResult= x - y;
    return nResult;
}
int main()
{
     cout<< Cal(10, 20, 0) <<endl;
     cout<< Cal(10.5, 20.2, 10) <<endl;
     return 0;
}
```

실행결과

```
-10
30.7
```

이러한 문제를 해결하는 방법이 함수 템플릿을 정의하여 사용하는 것이며 그 특징과 구현 방법은 다음과 같다.

함수 템플릿 | Keypoint

- 동일한 이름으로 중복된 함수(overloading)들을 하나의 함수로 선언
- 자료형에 따라 함수를 자동으로 만들어 내는 틀
- int, double 등의 자료형을 typename으로 일반화 시켜 정의
- 함수 템플릿 정의

```
template 〈typename 자료형이름1, typename 자료형이름2, ...〉
or
template 〈class 자료형이름1, typename 자료형이름2, ...〉 //초기버전
반환자료형 함수이름(자료형이름1 매개변수, 자료형이름2 매개변수, ....)
{
    // 함수의 본체
}
```

- 함수 템플릿(Function template) : 함수를 만들어 내는 틀 형식
- 제네릭(Generic function) 함수 : 함수 템플릿 형식으로 구현한 사용자 정의 함수 템플릿(틀)
- 템플릿 함수(Template function) : 제네릭 함수를 기반으로 이를 구체화하여 생성된 실제 동작하는 함수, 구체화된 함수(Specialized function) 이라고도 부른다.
- 수동으로 매개변수 자료형을 지정하는 방법
  함수 호출시에 지정하여 호출
  함수명〈자료형1, ... 〉(변수1, 변수2, 상수1...)

함수 템플릿을 정의할 때 keyword인 typename과 class는 같은 의미의 표현이다. C++의 초기 버전에서는 템플릿 함수를 선언할 때 키워드로 class를 사용하였는데, 객체를 생성하기 위하여 선언하는 class 키워드와 헷갈린다는 지적에 따라 이후에 typename이라는 키워드가 추가되어 대부분 프로그램에서는 class 키워드 대신 typename이 사용된다. 그렇지만 처음부터 템플릿을 이용하여 프로그램하던 사람들은 여전히 키워드 class를 사용하고 있으므로 같은 표현임을 알아둘 필요는 있다. 필자는 class보다는 typename을 사용할 것을 권장한다. 여기서 매개변수 자료형을 T로 사용하는데 다른 문자를 사용할 수도 있다.

좀더 구체적으로 언급하면 함수를 호출할 때 매개변수에 int형 데이터를 함수의 매개변수에 전달하면, 함수의 원형과 본체에서 정의된 자료형(typename)은 모두 int형으로 바뀐다. 또한 double 데이터를 함수의 매개변수에 전달하면 함수의 매개변수 자료형은 모두 double로 간주하여 자료형을 자동으로 결정하도록 하는 것이 함수 템플릿인데 프로그램 기본 틀로써 역할을 한다. 이때 함수 템플릿으로 정의한 사용자 정의 함수 템플릿을 제네릭(Generic) 함수라고 부른다.

C++에서 함수의 일반화라고 하는 것은 실질적으로 이 제네릭 함수 도구를 이용하여 매개변수에 전달되는 자료형에 일치하는 함수의 코드를 찍어내는 과정이 추가된 기능을 말한다. 여기서 함수 템플릿을 통해 찍어내는 일반화 과정을 구체화(Instantiation)이라고도 부른다. 이때 메모리에 실제 동작하는 코드가 생성되며 이로부터 생성된 코드가 실제로 컴파일되는 것이다. 구체화를 통해 역으로 각각의 함수 코드를 찍어내듯이 생성된 함수를 템플릿으로부터 생성된 함수라 하여 구체화 "템플릿 함수"라고 부른다.

예제 10-1의 예제에서 2개의 오버로딩 Cal( )를 하나의 Cal( )함수로 정의하여 각각 데이터 형태에 따라 자동으로 실행함수를 찍어내는 프로그램을 예제 10-2에 보였다. 예제에서 함수 템플릿인 Cal( ) 제네릭 함수는 정수형 숫자뿐만 아니라 실수형 데이터에 대해서도 정상적으로 동작하도록 구체화 함수를 한판 찍어 내고 있다. 제네릭 함수 Cal( )이 호출하는 함수에서 각각의 자료형에 대해 처음으로 호출되면, C++ 컴파일러는 함수 템플릿의 해당 제네릭 함수를 찾아 자료형에 대응하는 구체화 함수를 찍어서 메모리에 코드를 인스턴스하여 생성한다. 이 같이 템플릿 함수가 생성되면 이어서 추가로 함수를 호출할 때는 더는 반복해서 함수 템플릿의 제네릭 함수를 찾지 않고 해당 템플릿 함수를 사용하게 된다.

ex 10-2 함수 템플릿(자동)

```
#include <iostream>
using namespace std;

template<typename T>
T Cal(T x, T y, bool z=false)    // 함수 템플릿으로 표현한 제네릭 함수
{
    T nResult;
    if (z==true)    nResult= x + y;
    else            nResult= x - y;
    return nResult;
}
int main()
{
    cout<<Cal(10, 20, false)<<endl;          //(1)
    cout<<Cal(10.5, 20.2, true)<<endl;    //(2)
    return 0;
}
```

실행결과

```
-10
30.7
```

상기 예제에서 함수 템블릿인 Cal( ) 제네릭 함수의 매개변수에 따라 생성되는 구체화 템플릿 함수로 생성된 함수 템플릿을 표현하면 다음과 같다.

(1) T : 정수형

// 제네릭 함수로부터 생성된 템블릿 함수

```
int Cal(int x, int y, bool z=false)
{
  int nResult;
  if (z=true)    nResult= x + y;
  else           nResult= x - y;
  return nResult;
}
```

(2) T : 실수형

```
double Cal(double x, double y, bool z=false)
{
  double nResult;
  if (z=true)    nResult= x + y;
  else           nResult= x - y;
  return nResult;
}
```

예제 10-2에서는 제네릭 함수로부터 매개변수 자료형에 따라 자동으로 구체화 함수를 생성하여 가감연산하는 과정을 보였다.

그런데 필요에 따라 자동이 아닌 일부 수동으로 지정할 필요가 있는 경우가 발생할 수 있다. 이러한 경우를 고려하여 함수 템플릿으로 선언한 제네릭 함수로부터 자동으로 템플릿 함수를 생성하는 것이 아닌 사용자가 구체화 함수의 형태를 지정할 수 있다. 이를 구현하는 방법은 함수를 호출할 때 사용자 매개변수 형태를 지정하면 된다. 예제 10-2를 사용자가 매개변수 자료형을 수동으로 지정하는 과정을 예제 10-3에 보인다. 이를 명시적 "자료형지정"이라고 부른다. 이 예제에서 Cal〈int〉는 매개변수가 실수형임에도 불구하고 정수형으로 적용하라고 수동으로 지정해주는 것이다. 따라서 결과는 "정수 + 정수"로 계산된 결과를 얻었다.

ex 10-3 함수 템플릿(명시적 자료형 지정)

```
#include <iostream>
using namespace std;

template<typename T>
T Cal(T x, T y, bool z=false)    // 제네릭 함수
{
    T nResult;
    if (z==true)    nResult= x + y;
    else        nResult= x - y;
    return nResult;
}
int main()
{
    cout<<Cal(10, 20)<<endl;                //(1)
    cout<<Cal<int>(10.5, 20.2, true)<<endl;   //(2)
    return 0;
}
```

실행결과

```
-10
30
```

호출되는 함수의 매개변수 자료형이 여러 개의 경우를 고려해보자. 이 경우에는 마찬가지로 적용하고 싶은 수만큼 typname 을 선언하여 사용하면 된다. 예제 10-4에 이러한 경우에 대하여 실습하도록 프로그램을 다음과 같이 제시하였다.

ex 10-4 함수 템플릿(매개변수 자료형이 다른 경우)

```
#include <iostream>
using namespace std;

template<typename T1, typename T2>
T2 Cal(T1 x, T2 y, bool z=false)
{
    T2 nResult;
    if (z==true)    nResult= x + y;
    else            nResult= x - y;
    return  nResult;
}
int main()
{
    cout<<Cal(10, 20)<<endl;                //(1)
    cout<<Cal(10, 20.2, true)<<endl;        //(2)
    cout<<Cal(10.5, 20.2, true)<<endl;      //(3)
    return 0;
}
```

실행결과

```
-10
30.2
30.7
```

예제 10-4에서 정수형 데이터와 실수형 데이터가 혼용된 경우이다. 이에 대한 함수 템블릿인 Cal( ) 제네릭 함수의 매개변수에 따라 생성되는 템플릿 함수의 매개변수는 다음과 같다.

(1) T1 : 정수형, T2 : 정수형

(2) T1 : 정수형, T2 : 실수형

(3) T1 : 실수형, T2 : 실수형

상기 예제에서 수동으로 자료형을 지정하여 구체화 함수를 생성하는 경우를 생각해보자.

ex 10-5 함수 템플릿(매개변수 자료형이 다른 경우 명시적 자료형 지정)

```
#include <iostream>
using namespace std;

template<typename T1, typename T2>
T2 Cal(T1 x, T2 y, bool z=false)
{
  T2 nResult;
  if (z==true)    nResult= x + y;
  else        nResult= x - y;\
  return  nResult;
}

int main()
{
    cout<<Cal(10, 20)<<endl;           //(1)
    cout<<Cal(10, 20.2, true)<<endl;      //(2)
    cout<<Cal<double, int>(10.5, 20.2, true)<<endl;         //(3)
    return 0;
}
```

실행결과

```
-10
30.2
30
```

추가적으로 함수 템플릿 형태의 제네릭 함수가 같은 여름으로 여러 번 존재하는 함수 템플릿 오버로딩의 경우에는 오버로딩이 우선 적용되어 각각의 제네릭 함수로부터 구체화 함수가 생성된다. 본서에서는 추가적인 내용은 여기서 생략한다.

10.2 템플릿 특수화

함수 템플릿으로부터 제네릭 함수를 작성할 때 특정 매개변수 자료형에 대하여는 별도 동작 루틴을 만들어야 한다. 예제 10-2.에서는 자료형이 정수 혹은 실수인 경우 자동에 대하여 자료형을 처리하도록 제네릭 함수를 작성하였다. 그런데 여기에 같은 이름을 갖는 제네릭 함수가 일부 별도 기능이 수행되는 것을 원하거나 특정 자료형에 대하여 사용자가 별도의 기능을 하는 함수가 선언되어 실행되기를 원한다면 별도로 제네릭 함수를 추가하는 과정을 함수 템플릿의 특수화라고 부른다.

구현하는 방법은 함수 템플릿을 추가로 선언할 때 함수명은 동일하지만 template의 typename은 지정하지 않고 빈칸으로 처리하여 작성하여야 한다. 대신 매개변수의 자료형은 명시적으로 선언해주어야 한다. 이해를 돕기 위하여 예제 10-2에서 정수와 실수에 대한 더하기/빼기를 수행하는 템플릿 함수를 이용하여 조건에 따라 현재 문장의 전후 문자를 출력하는 템플릿 특수화를 예제 10-6에 보였다.

템플릿 함수의 특수화를 구현한 10-6 예제에 대한 동작 설명은 다음과 같다.

(1) 빈 typename의 template 선언

(2) 명시적으로 특수화 함수 선언
템플릿 특수화에서 default 매개변수를 선언할 수 없다

(3) 특수화 함수 호출

ex 10-6 템플릿의 특수화

```
#include <iostream>
using namespace std;

template<typename T>
T Cal(T x, T y, bool z=false)
{
    T nResult;
    if (z==true)   nResult = x + y;
    else           nResult = x - y;
    return nResult;
}

template<>                              //(1)
char Cal(char x, char y, bool z)        //(2)
{
    char ch;
    if (z==true) ch = x+1;
    else ch = y-1;

    return ch;
}

int main()
{
    cout << Cal(10, 20, false) << endl;
    cout << Cal(10.5, 20.2, true) << endl;
    cout << Cal('K', 'O', true) << endl;  // (3)
    return 0;
}
```

실행결과

```
-10
30.7
N
```

10.3 class 객체의 템플릿 연산

지금까지 공부한 함수 템플릿을 사용하여 일반 변수들의 연산을 class 객체간의 연산에도 적용할 수 있다. 예를 들어 더하기 연산하는 제네릭 함수가 있다면 이 함수에 객체들의 멤버변수들의 더하기 연산에 적용하고자 하는 경우이다. 이 경우에는 별도로 반드시 사용되는 operator 연산자를 추가로 정의하여야 한다. 예제 10-3의 조건에 따른 데이터를 가감연산하는 제네릭 함수를 class에 적용하는 예제를 10-7에 보였다. 예제에 대한 동작 설명은 다음과 같다.

(1) class CMotor 정의

(2) class 멤버 변수 + class 멤버 변수 연산자

(3) class 멤버 변수 - class 멤버 변수 연산자

(4) 가감연산 제네릭 함수

(5) 함수 템플릿 기본 과정 : 정수+정수

(6) 함수 템플릿 기본 과정 : 실수+실수

(7) 객체 Grandeur, Genesis 2개 생성 후 객체의 멤버변수 초기화

(8) 제네릭 함수 Cal( )의 매개변수에 객체를 복사하여 템플릿 함수를 생성한 후 멤버변수 빼기 연산

(9) 객체간 매개변수 직접 빼기연산
(8)=(9) 동일한 방법

(10) 템플릿 함수 생성한 후 멤버변수 더하기 연산

이 예제에서 (8)~(10)의 과정을 통해 class 객체를 연산하는 경우는 (8)과 같이 class 객체들을 함수 템플릿에 적용하는 방법보다는 직접적으로 객체의 멤버를 일반 변수처럼 함수 템플릿에 적용하는 편이 프로그램에서는 보다 더 간결해짐을 알 수 있다.

ex 10-7 class 객체 템플릿 연산

```
#include <iostream>
using namespace std;

class CMotor    //  (1)
{
public:
    CMotor(int m_nWidth=0)
    {
        this->m_nWidth = m_nWidth;
    }
    int m_nWidth;
};
CMotor operator + (CMotor &arg1, CMotor &arg2)  //(2)
{
    CMotor Sumlength;
    Sumlength.m_nWidth=arg1.m_nWidth +arg2.m_nWidth;
    return Sumlength;
}
CMotor operator - (CMotor& arg1, CMotor& arg2)     //(3)
{
    CMotor Sumlength;
    Sumlength.m_nWidth = arg1.m_nWidth - arg2.m_nWidth;
    return Sumlength;
}

template<typename T>
T Cal(T x, T y, bool z=false)     //(4)
{
    T nResult;
    if (z==true)   nResult = x + y;
    else           nResult = x - y;
    return nResult;
}
```

```
int main()
{
    cout << Cal(10, 20) << endl;    //(5)
    cout << Cal(10.5, 20.2, true) << endl;  // (6)

    CMotor Grandeur(1875), Genesis(1925);  //(7)
    cout << Cal(Grandeur, Genesis).m_nWidth<< endl;          //(8)
    cout << Cal(Grandeur.m_nWidth, Genesis.m_nWidth) << endl; //(9)
    cout << Cal(Grandeur, Genesis, true).m_nWidth<< endl;       //(10)
    return 0;
}
```

실행결과

```
-10
30.7
-50
-50
3800
```

10.4 class 템플릿

함수 템플릿은 제네릭 함수로부터 구체화 함수인 템플릿 함수를 찍어내듯이 생성하는 것이라면 class 템플릿이란 class 객체를 찍어내듯이 생성하는 것을 말한다. 일반적으로 객체를 생성하여 class 멤버함수를 이용하는 경우에는 모든 객체에서 class 멤버함수들을 메모리에서 공유되기 때문에 멤버함수는 늘 동일한 자료형을 갖는 연산을 한다. 만약 객체마다 멤버함수의 자료형만 변화를 주고자 할 경우에는 함수의 중복 기능을 사용하여야 하므로 프로그램이 길어질 수밖에 없다.

이같은 경우를 고려하여 class 객체 멤버함수에 대하여 템플릿을 적용하면 자료형으로부터 자유로워질 수 있다. class에 템플릿을 적용하면, 자료형에 따라 class 멤버함수의 기능은 같지만 자료형에 따른 구체화 과정을 통해 템플릿 함수를 자동으로 생성하여 이를 사용하므로 이는 일반화 프로그램의 전형이라고 할 수 있다. class 템플릿에 대한 요점을 정리하면 다음과 같다.

class 템플릿 | Keypoint

- class 멤버함수의 매개변수 자료형이 다른 객체마다 다른 경우
- class 객체를 생성할 때 멤버함수에 대한 함수 템플릿을 적용하여 구체화 템플릿 함수 생성
- class 함수 템플릿 정의

```
template <typename 자료형이름, ....>  //여러개 자료형 지정
① class 내부에 함수선언 및 정의
   class  class이름
   {
      반환자료형이름 멤버함수이름(자료형이름 매개변수,...)
      {
       // 멤버함수의 본체
      }
   };
② class 외부에 함수정의
   class  class명
   {
      자료형이름 멤버함수이름(자료형이름 매개변수,...);
   };

template <typename 자료형이름, ...>   // 한번 더 선언
반환자료형이름 class명<자료형이름...>멤버함수이름(자료형이름 매개변수,...)
{
   // 멤버함수의 본체
}
```

- 만약 멤버함수내에 default 매개변수가 있다면 초기값은 class내부 원형함수에만 적용하여야 한다.
- 호출함수에서 사용하는 문법

```
class이름 <자료형이름....> 객체명;
객체명.멤버함수(....);
```

예제 10-2. 조건에 따른 데이터 가감함수에 대하여 class 멤버함수로 적용한 예를 예제 10-8에 보였다. 객체 ti의 멤버함수는 모두 정수형으로 정의되며, td 모두 실수형으로 정의되도록 하였다. 물론 실수형과 정수형 혼합 형태로 가능하다.

예제 10-9는 템플릿을 적용한 class 멤버함수를 class 외부에 선언한 경우이다. 일반적으로 멤버함수의 코딩이 긴 경우에는 class 내부가 아닌 외부에 멤버함수를 정의하여 사용한다. 이때 default 매개변수의 값은 class 내부에서 선언한 원형 멤버함수에만 적용하면 외부에 정의된 default 매개변수에는 적용하지 않는다.

ex 10-8 class 템플릿

```
#include <iostream>
using namespace std;

template<typename T>
class CTest
{
public:
    T Cal(T x, T y, bool z=false)    // 멤버함수 템플릿
    {
        T nResult;
        if (z==true)    nResult = x + y;
        else            nResult = x - y;
        return nResult;
    }
};

int main()
{
    CTest <int> ti;             // 객체에 사용되는 매개변수 자료형을 정수로 지정
    cout << ti.Cal(100, 200) << endl;
    cout << ti.Cal(100, 200, true) << endl;

    CTest <double> td;          // 객체에 사용되는 매개변수 자료형을 실수로 지정
    cout << td.Cal(10.5, 20.2) << endl;
    cout << td.Cal(10.5, 20.2, true) << endl;
    return 0;
}
```

실행결과

```
-100
300
-9.7
30.7
```

ex 10-9 class 템플릿

```
#include <iostream>
using namespace std;

template<typename T>
class CTest
{
public:
    T Cal(T x, T y, bool z=false);      //원형함수
};

template <typename T> T CTest<T> :: Cal(T x, T y, bool z)  //실행함수
{
    T nResult;
    if (z==true)    nResult = x + y;
    else            nResult = x - y;
    return nResult;
}

int main()
{
    CTest <int> ti;              // 객체에 사용되는 매개변수 자료형 정수로 지정
    cout << ti.Cal(100, 200) << endl;
    cout << ti.Cal(100, 200,10) << endl;

    CTest <double> td;        // 객체에 사용되는 매개변수 자료형 실수로 지정
    cout << td.Cal(10.5, 20.2) << endl;
    cout << td.Cal(10.5, 20.2, true) << endl;
    return 0;
}
```

실행결과

```
-100
300
-9.7
30.7
```

참고로 정수 + 실수 즉 2개의 매개변수 자료형을 갖는 경우를 고려하고 싶다면 원형함수와 실행함수는 다음과 같이 수정하면 된다.

ex 10-10 class 템플릿(2개 자료형)

```
#include <iostream>
using namespace std;

template<typename T1, typename T2>    //(1)
class CTest
{
public:
    T2 Cal(T1 x, T2 y, bool z=false);         //원형함수
};

template<typename T1, typename T2>    //(1)을 다시 한번 선언
T2 CTest<T1, T2> ::Cal(T1 x, T2 y, bool z)   //외부선언 제네릭 함수
{
    T2 nResult;
    if (z==true)    nResult = x + y;
    else            nResult = x - y;
    return nResult;
}

int main()
{
    CTest <int, int> ti;
    cout << ti.Cal(100, 200) << endl;
    cout << ti.Cal(100, 200, true) << endl;


    CTest <double, double> td;
    cout << td.Cal(10.5, 20.2) << endl;
    cout << td.Cal(10.5, 20.2, true) << endl;

    CTest <int, double> tid;
    cout << tid.Cal(10, 20.2) << endl;
    cout << tid.Cal(10, 20.2, true) << endl;
```

```
    return 0;
}
```

실행결과

```
-100
300
-9.7
30.7
-10.2
30.2
```

10.5 표준 템플릿 라이브러리(STL)

프로그래머가 모든 경우를 고려하여 프로그램을 코딩한다는 것은 매우 비효율적이다. 표준으로 사용할 수 있는 부분은 class 상속 개념처럼 그대로 혹은 일부만 수정하여 사용한다면 매우 효율적일 것이다. 이러한 기능을 충족시키기 위하여 C++언어에서는 표준 템플릿 라이브러리(STL: Standard Template Library)를 제공한다.

STL은 표준 C++ 라이브러리 프로그램에 필요한 자료구조와 알고리즘을 Template로 제공하는 라이브러리라고 요약할 수 있다. STL에서 주 구성요소는 컨테이너(Container), 반복자(Iterator), 알고리즘(Algorithm)이며 추가적으로 함수자(Function Object, Functor), 할당자(Allocator) 등의 구성요소를 제공한다. 이를 정리하면 다음과 같다.

- 컨테이너 : 임의 자료형의 객체를 보관(저장)할 수 있는 자료구조로써, class 템플릿으로 구현되어있다. 종류로는 array, vector, list, deque 등의 템플릿을 제공하는 Sequence container와 set, multiset, map, multimap 등을 제공하는 Associative container가 있다.
- 반복자 : 컨테이너에 보관된 원소에 접근할 수 있는 반복자로써 포인터와 비슷한 개념이며, 가리키는 원소에 접근하고 다음 원소를 가리키는 기능을 갖는다. 데이터를 추가 입력할 수 있으며 반복문에서 주로 사용한다.
- 알고리즘 : 반복자를 가지고 일련의 데이터에 대한 정렬, 삭제, 검색, 연산 등을 해결하는 일반화된 방법을 제공하는 함수 템플릿이다.
- 함수자 : operator() 연산자를 함수 중복(overloading)하고 있는 객체이다.
- 할당자 : 컨테이너의 메모리 할당과 해제를 해주는 캡슐화한 class 객체로 모든 컨테이너는 자신만의 할당자를 가지고 있다.

보다더 STL의 세부적인 내용을 공부하기를 바란다면 본 내용이 매우 방대하여 별도의 서적을 참고하기를 권장한다. 본 서에서는 STL 컨테이너에서 제공하는 라이브러리 중에서 가장 많이 사용하는 vector 기능을 중심으로 Visual studio에서 제공해주는 내용을 중심으로 기술하고자 한다.

C++ 표준 라이브러리 vector class는 Sequence container에 대한 class 템플릿으로써 vector는 지정된 형식의 요소를 선형 배열에 저장하고 모든 요소를 빠르게 접근할 수 있도록 허용해준다. 좀더 이해하기 쉽도록 일반 배열 선언과 비교해 보기로 한다.

일반적인 배열 데이터를 선언할 때 정적 메모리 할당이나 동적 메모리 할당 방법 모두는 배열의 크기를 초기에 지정하고 이를 바탕으로 배열을 저장할 수 있는 메모리 할당 방법이다. 그런데 할당된 메모리 크기보다 보다 큰 메모리가 필요한 경우는 추가로 메모리 공간을 확보하는 것은 불가능하다. 이러한 단점을 해소하기 위하여 고안된 메모리 할당 방법이 vector class (queue) 이며 동적 배열 구조를 갖는다. 그런데 이 배열은 맨 끝에서 삽입 및 삭제가 일어나도록 설계되어 있어서 배열의 크기를 손쉽게 가변할 수 있도록 한다. 물론 특정위치에 데이터를 추가 혹은 삭제할 수 있는 기능도 있다. 이와 같이 vector class는 조상으로 동적으로 크기가 변하며 메모리가 연속적이어서 자동으로 배열의 크기를 조절할 수 있고 유연하게 객체의 추가 및 삭제가 가능하다는 큰 장점을 가지고 있다.

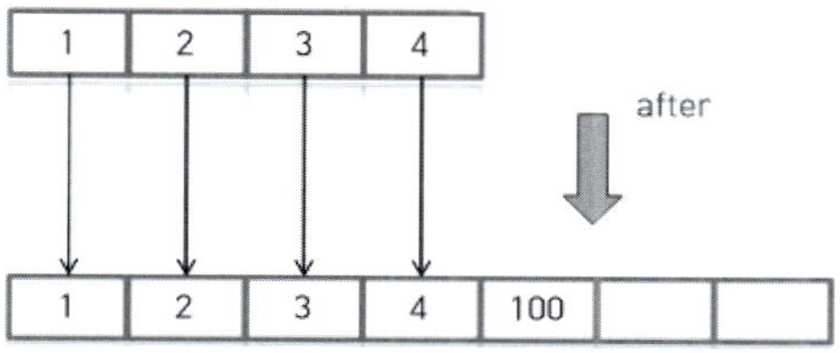

vector class | Keypoint

- 가변 크기의 배열이 필요한 경우 사용
- 연속적인 메모리 구조
- 할당된 메모리 끝에 반복적으로 데이터 추가 혹은 삭제
- #include 〈vector〉 //헤더파일 필요
- 선언

  vector〈자료형〉 이름(크기, 초기값);　　// 크기 생략가능

  예) vector〈int〉 v1, v2(10);

  　　vector〈string〉 v3(5);

  　　vector v4(10, 1);

주요 vector class 멤버함수에 대한 기능을 요약하면 다음과 같다.

표 10-1 vector 멤버함수 기능

명령(기본명령)	기능
vector〈int〉 v;	예시 : vector 객체 v 생성
v[n]	n 번째 원소 데이터, 배열과 동일 개념
v.at(n)	n 번째 원소 데이터, 범위 점검, 속도 느림
v.front()	첫 번째 원소 데이터
v.back()	마지막 원소 데이터
v.push_back(데이터)	데이터(정수, 문자열, 문자등)를 맨 끝에 삽입
v.pop_back()	맨 끝 데이터 삭제
v.clear()	vector 객체의 모든 원소 삭제
v.size()	채워진 원소의 개수 반환
v.capacity()	할당된 vector 객체 메모리 크기 반환
v.empty()	vector 객체가 비어있는지 확인
v.insert(v.begin()+n, 데이터)	n번째 위치에 데이터 삽입
v..erase(v.begin()+n, 데이터)	n번째 위치의 데이터 제거

명령(반복명령)	기능
vector〈int〉::iterator it;	예시 : vector 반복자 it 생성
it=v.begin()	첫 번째 원소 위치를 반복자 인덱스 지정
it=v.end()	마지막 원소 위치를 반복자 인덱스 지정
it=v.insert(it+n, 데이터)	n번째 위치에 데이터 삽입, 다음 위치 인덱스 지정
it=v.erase(it+n, 데이터)	n번째 위치의 데이터 제거, 다음 위치 인덱스 지정

여기서 size()는 데이터가 실제 저장된 크기를, capacity()는 데이터가 저장될 공간의 크기를 미리 지정해놓는 것이다. 자동으로 설정되는 이들의 상호 관계는 프로그램 compiler 종류마다 다르며, size() 크기≤ capacity() 크기이다. 예제 10-10에 vector를 이용한 기본적인 데이터 입력, 데이터 출력 그리고 반복 루프등의 사용 방법에 대한 프로그램을 보였다. vector의 각 원소에 데이터를 추가하고 삭제하며 데이터 연산하는 과정을 예제 10-11에 추가하였다.

ex 10-10 STL::vector(데이터 입력 및 출력)

```
#include <iostream>
#include <vector>
using namespace std;

int main()
{
    vector<int> v1, v2(5,0);        // (1)
    vector<int>::iterator it;       // (2)

    v1.push_back(10);    // (3)
    v1.push_back(20);
    v1.push_back(30);

    cout << "1. v1 = ";
    for (int& v : v1)    cout << v << " ";   //(4)

    cout << "\n";
    cout << "2. v1 size=" << v1.size() << endl;      //(5)
    cout << "3. v1 할당공간=" << v1.capacity() << endl;   //(6)

    it = v2.begin();   //(7)
    cout << "4. v2 = ";
    for (it = v2.begin(); it != v2.end(); it++)    cout << *it << " "; //(8)
    cout << "\n";

    v1.clear();   //(9)
    if (v1.empty()) cout << "All data clear" << endl; //(10)
    return 0;
}
```

실행결과

```
1. v1 = 10 20 30
2. v1 size=3
3. v1 할당공간=3        //compiler 마다 다르다.
4. v2 = 0 0 0 0 0
All data clear
```

예제 10-10, 10-11에 대한 동작 설명은 다음과 같다.

(1) vector 객체 v1, v2 생성,
v2 객체는 정수형 데이터 5개를 저장할 수 있는 컨테이너 공간을 확보하고 초기값을 모두 0으로 채운다.

(2) 반복자 생성

(3) v1 객체의 마지막 원소 다음 위치에 데이터 삽입

(4) 반복문 참조자 방식을 이용하여 v1 데이터 전체 출력

(5) v1 객체에 채워진 원소의 개수 반환

(6) v1 컨테이너에 확보된 공간 출력

(7) v2 객체의 첫 번째 원소 위치를 반복자 인덱스로 지정

(8) 반복자를 이용하여 v2 데이터 전체 출력

(9) v1 컨테이너 할당된 공간의 데이터를 모두 제거(할당 공단 모두 빈 공간)

(10) 빈 공간인지 검사하여 출력

예제 10-11

(11) 반복문을 이용하여 데이터 일괄 입력

(12) 반복문 참조자 방식을 이용하여 v1 전체 데이터 출력(변수지정 auto)

(13) v1 객체의 첫 번째 위치에 -20 삽입

(14) 반복문과 v1.size()를 v1 전체 데이터 출력

(15) v1 객체의 3번째 원소 위치에 -10 데이터 삽입, 기존 데이터 뒤로 밀림

(16) 반복문 자료형 방식을 이용하여 v1 데이터 전체 출력

(17) v1 객체의 3번째 원소 위치 데이터 삭제, 기존 데이터 앞으로 당겨짐

(18) 반복문 자료형 방식을 이용하여 v1 데이터 전체 출력(변수지정 auto)

(19) v1 객체의 첫 번째 원소 위치 데이터 출력 방식

(20) v1 객체의 각 원소들 간에 연산 (-20 * -10 - 40 =160)

ex 10-11 STL::vector(데이터 추가, 삭제, 연산)

```
#include <iostream>
#include <vector>
using namespace std;

int main()
{
    vector<int> v1;
    vector<int>::iterator it;

    for (int i = 1; i <6; i++) v1.push_back(i * 10);  //(11)

    cout << "1. v1 = ";
    for (auto& v : v1) cout << v << " ";  //(12)
    cout << "\n";

    it = v1.begin();
    it=v1.insert(it, -20);   //(13)

    cout << "2. v1 = ";
    for (int i = 0; i < v1.size(); i++) cout << v1[i] << " "; //(14)
    cout << "\n";

    it=v1.insert(it + 2, -10);  //(15)
    cout << "3. v1 = ";
    for (int v : v1)    cout << v << " ";  //(16)
    cout << "\n";

    v1.erase(v1.begin() + 3);    //(17)
    cout << "4. v1 = ";
    for (auto v : v1)    cout << v << " ";  //(18)
    cout << "\n";

   cout << "5. 0원소 값 : " << v1[0] << "," << v1.at(0) << "," <<
        v1.front() << endl;    //(19)
   cout << "6. 0번 원소 * 2번 원소 - 4번 원소 = " <<
        v1[0] * v1[2] - v1.at(4);    //(20)
```

```
    return 0;
}
```

실행결과

```
1. v1 = 10 20 30 40 50
2. v1 = -20 10 20 30 40 50
3. v1 = -20 10 -10 20 30 40 50
4. v1 = -20 10 -10 30 40 50
5. 0원소 값 : -20,-20,-20
6. 0번 원소 * 2번 원소 - 4번 원소 = 160
```

11

파일 입출력

11 파일 입출력

C언어에서는 외부의 파일(file)을 입출력하기 위해 "FILE 구조체"를 제공해준다. 반면에 C++ 언어에서는 이러한 FILE 구조체의 기능을 포함하고 이를 확장한 파일 읽기 전용 class를 제공해준다. 파일을 입출력하는 기능을 이해하기 위해서는 스트림(stream)이란 개념을 이해하여야 한다. 지금까지 C++ 언어를 공부하면서 키보드를 통해 데이터를 입력받거나 혹은 결과 데이터를 모니터에 출력하기 위하여 cin, cout 등을 사용하였다. 이같은 데이터의 입출력은 C++ 컴파일러에서는 FILE 구조체를 확장한 iostream class에서 그 기능을 제공해준다. 반면에 파일에 대한 입출력은 fstream class에서 기능을 제공한다. 여기서 스트림(stream)이란 흐르는 시냇물에 띄운 종이배가 물을 따라 자연스럽게 흐르듯 데이터를 프로그램과 키보드 프린터 등 주변장치들과 연결해주는 역할을 하는 운영체제를 말하는 것으로 연결고리 중간 매개자 역할을 하는 것을 말한다. 물론 스트림은 파일에 대하여 저장장치와 프로그램 사이의 매개자 역할을 한다.

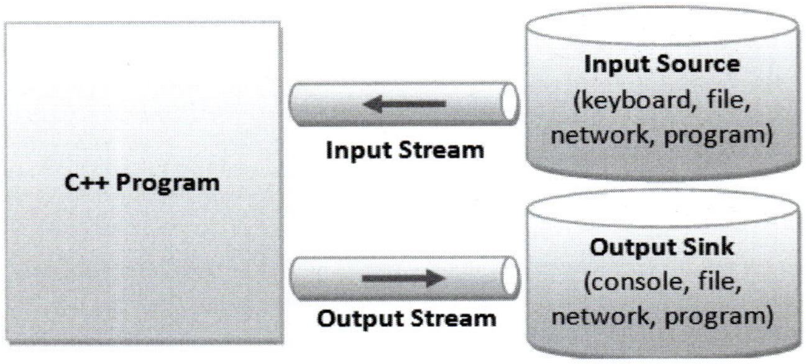

| 그림 11-1 | 파일, 데이터 입출력 stream

스트림은 내부에 임시 메모리 공간인 버퍼(buffer)를 이용하는데 데이터를 처리함에 있어서 하나씩 목적지에 전달하는 방식이 아닌 임시로 데이터 모아 저장하여 한 번에 병렬로 전달하기 위함이다. C++ 프로그램은 데이터를 입력하고 사용자가 Enter 키를 누르면 이때 버퍼에 임시 저장된 데이터들이 일시에 전송하게 된다. 파일은 데이터와 데이터 정보를 가지고 있는데 C++ 언어에서 파일은 일반적으로 연속적인 바이트 단위의 데이터 집합으로 인식한다. 이러한 파일은 바이너리 파일(binary file)과 텍스트 파일(text file)로 구분한다. 바이너리(0,1) 파일은 데이터의 저장과 처리를 목적으로 0과 1의 2진 형식으로 encoding 한 파일을 말하며 jpg, mp3, exe, hwp 파일들이 여기에 속한다. 텍스트 파일은 시각적으로 notepad 등을 이용하여 문자나 숫자로 알아볼 수 있는 데이터들로 구성된 파일을 가리킨다. 바이너리 파일은 프로그램을 통해서 변환할 수 없지만 텍스트 파일은 프로그램을 통해서 변환할 수 있다.

2003년을 기점으로 C++ 언어는 입출력 표준이 대폭 수정된다. 다음과 같은 class 템플릿 기반으로 표준 입출력을 위한 class 템플릿이 제공되었다. 물론 이전 표준 입출력과 호환을 유지하면서 기능을 확대한 것이다.

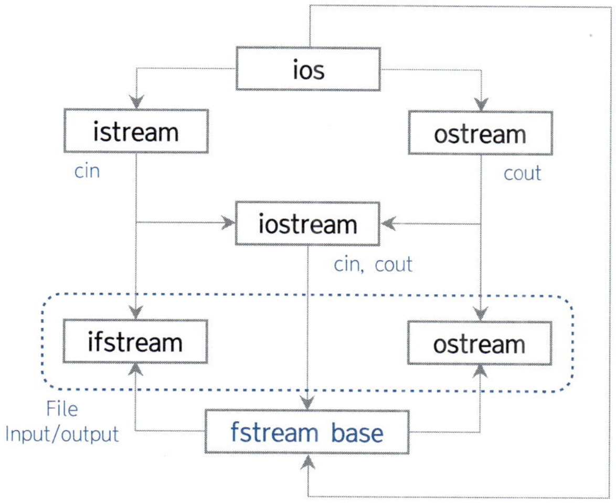

| 그림 11-2 | 표준 입출력 class

그림 11-2에 보인 표준 입출력 class를 사용자 입장에서 각각의 class를 정리하면 다음과 같다.

- istream : 데이터 입력
- ostream : 데이터 출력
- stream : 데이터 입출력
- ifstream : 파일 입력
- ofstream : 파일 출력
- fstream : 파일 입출력

본서에서는 iostream의 데이터 입출력은 cin, cout 명령을 통해 이미 익혔으므로 생략하고, 공학에서 수많은 시험 데이터들이 생성되면 파일로 정리하는데 이 파일들을 읽고 쓰는 기능 위주로 기술하고자 한다.

11.1 텍스트파일 문자열 읽기, 쓰기

파일을 읽고 쓰기 위해 제공되는 ifstream, ofstream, fstream class 라이브러리는 〈fstream〉 헤더 파일을 사용한다. 먼저 ifstream (Input file stream), ofstream (Output file stream)을 이용하여 파일을 읽어오거나 파일로 데이터로 쓰기 위한 멤버함수를 정리하면 다음과 같다.

#include〈fstream〉

표 11-1 fstream 멤버함수 기능

멤버함수	기능
ifstream fin;	예시 : 파일 입력 stream 객체 fin 생성
ofstream fout;	예시 : 파일 출력 stream 객체 fout 생성
fstream fiout;	예시 : 파일 입출력 stream 객체 fiout 생성
fin.open("파일명", mode)	파일을 stream을 이용해 C++와 연결한다. 실패시 false(0)를 return 한다.
fin.open("파일명", mode)	- iso::in : 읽기 모드(ifstream에서 default) - iso::out : 쓰기 모드(ofstream에서 default) - iso::binary : 바이너리 파일 읽기/쓰기 iso::app : 쓰기에서 파일이 존재하면 이어서 쓰기 iso::trunc : 쓰기에서 파일이 존재하면 내용 삭제 open 실패시에 false(0)이 저장
fin.close()	stream으로 연결한 파일을 닫는다.
fin.is_open() fin.fail()	파일 열기 실패 시 true(1)를 return 한다.
fin.get()	문자 1개 읽기
fin.getline(문자열 변수, 크기) 또는 getline(fin, string 객체변수)	1줄 문자열 크기만큼 읽어서 문자열 배열 char[ ]에 저장(string 자료형 불가) - 1줄 문자열 구분 : '\n', - 파일 끝 : EOF 〈string〉에 정의된 getline()함수
fin.eof()	파일의 끝이 나오면 true 반환
fin>>변수명	공백을 구분하며 데이터 읽기
fout<<데이터	데이터(문자열, 숫자) 쓰기

Windows 폴더내에 기존 텍스트 파일인 win.ini을 읽고 화면에 출력하는 프로그램을 작성해 보자.

ex 11-1 텍스트 파일 문자열 읽기

```
#include <iostream>
#include <fstream>                    //(1)
using namespace std;

int main()
{
    ifstream fin;                 //(2)
    fin.open("C:\\Windows\\win.ini");    //(3)
    if (!fin)  //(4)
    {
        cout << "파일을 열수 없습니다." << endl;
        return 0;
    }

    while (!fin.eof())  //(5)
    {
        char strData[256];
        fin.getline(strData, 256);  //(6)
        cout << strData << endl;
    }
    fin.close();          //(7)
    return 0;
}
```

실행결과

```
; for 16-bit app support
[fonts]
[extensions]
[mci extensions]
[files]
[ResponseResult]
ResultCode=0
```

(1) 파일 입출력을 위한 헤더파일 include

(2) 파일 입력을 위한 ifstream class의 객체 생성

(3) stream 구조와 파일 텍스트 파일 연결(경로 포함), 폴더의 경로 구분은 \\

(4) 파일 오픈 실패 여부 검사, !fin과 finfail()은 동일한 명령

(5) 파일 끝까지 읽었는지 검사

(6) 한 줄씩 읽어오기, 버퍼에 저장할 때는 반드시 char 배열로 선언한 변수에 저장

(7) stream과 파일 연결 해제

상기 프로그램에서 한줄 당 문자열의 크기를 알 수 없다면 char 배열을 이용하여 메모리를 확보하는 일은 매우 곤란할 것이다. 이러한 경우를 고려하여 string class에서 보다 편리한 기능을 제공해준다. ifstream의 멤버함수 getline() 대신에 string class에서 제공하는 getline() 함수를 사용하면 한 줄 문자열이 크기로부터 자유로워진다. 이는 예제 11-1의 프로그램을 다음과 같이 수정해주면 된다.

ifstream의 멤버함수 사용	string class 멤버함수 사용
 char strData[256]; fin.getline(strData, 256);	#include <string> string strData; getline(fin, strData);

다음은 string class 객체를 이용하여 문자열 텍스트 파일에 출력하는 경우를 고려해보자. string class의 객체는 배열로 선언이 가능할 뿐만 아니라 문자열을 합치기가 매우 용이하다. 또한 숫자를 문자로 변환하는 함수도 제공해준다. 보다 자세한 것은 인터넷 검색 "C++ string class"을 이용하면 훨씬 많은 문자열 처리기능을 공부할 수 있을 것이다. 텍스트 문자열을 파일로 저장하기 위하여 다음과 같이 먼저 C 드라이버에 폴더를 하나 만들어 놓는다.

```
C:\C++Work
```

ex 11-2 텍스트 파일 문자열 쓰기

```
#include <iostream>
#include <fstream>
#include <string>  //(1)
using namespace std;

int main()
{
    ofstream fout;              //(2)
    fout.open("c:\\C++Work\\Car.txt");    //(3)
    if (!fout)  )
    {
        cout << "파일을 열수 없습니다." << endl;
        return 0;
    }

    string strCarName[]= {"그랜저","제네시스", "K3", "K5", "K7", "K9"};  //(4)
    for (int i = 0; i < sizeof(strCarName)/sizeof(string); i++)
    {
        string strCar = to_string(i)+ "번 자동차는 " + strCarName[i]+
                        "입니다.\n"; //(5)
        fout <<strCar;  //(6)
    }
    fout.close();
    return 0;
}
```

실행결과

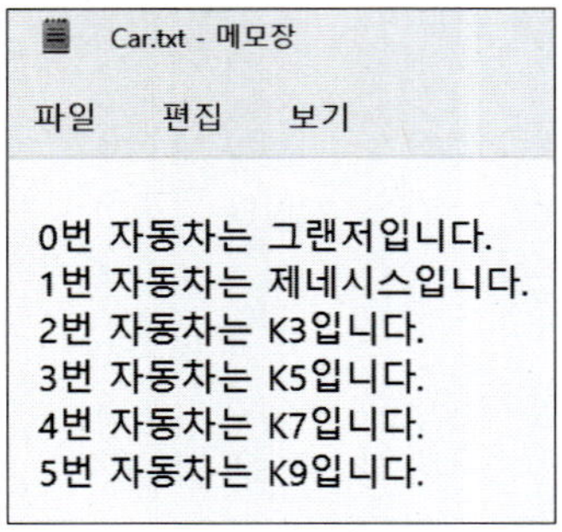

(1) string class 템플릿 include

(2) 파일 출력을 위한 ofstream class의 객체 생성

(3) stream 구조와 파일 텍스트 파일 연결(경로 포함)

(4) string class 객체 strName 생성하고 문자열 초기화

(5) 문자열 합치기,
to_string(숫자) : 숫자를 문자로 변환

(6) 파일에 문자열 저장

11.2 텍스트파일 숫자 읽기, 쓰기

공학에서는 파일에 문자열 데이터를 저장하기보다는 주로 각종 시험 장비의 숫자 데이터를 읽어오거나 혹은 가공한 데이터를 저장하는데 텍스트 파일에 저장과 읽기를 이용한다. 숫자 데이터를 처리하는 방법은 문자열 데이터를 읽고 쓰는 방법과 매우 거의 유사하지만 일부 주의가 필요한 부분이 있어서 연습을 통해 익혀둘 필요가 있다. 먼저 임의의 데이터를 생성하여 가공하고 이 데이터를 저장하는 과정을 프로그램해 보기로 한다.

시험장비 등으로 출력되는 시험값을 고려하기 위하여 rand() 함수를 이용하였다. 이 함수는 임의의 random 정수형 데이터를 생성한다. rand() 함수를 사용할 때 주의 사항은 프로그램이 시작할 때마다 초기값을 달리해주어야 한다. 그렇지 않으면 매번 동일한 결과를 얻게 된다. 이를 해소하는 방법이 시간 값을 seed 값으로 이용하는 방법이다.

예제 11-3에 실수형 데이터를 생성하여 저장하는 프로그램을 보였다. 여기서 출력된 결과 데이터는 random 함수를 사용하기 때문에 시간에 따라 그 결과 값은 모두 다르다는 것을 잊어서는 안 된다.

ex 11-3 텍스트 파일 숫자 데이터 쓰기

```
#include <iostream>
#include <fstream>
using namespace std;

int main()
{
    ofstream fout;
    fout.open("c:\\C++Work\\Test.txt");    //(1)
    if (!fout)   //(4)
    {
        cout << "파일을 열수 없습니다." << endl;
        return 0;
    }
    double fRand;            //(2)
    srand(time(NULL));       //(3)
    for (int i = 1; i < 101; i++)
    {
        fRand = (rand() % 10 + 20) * 3.14;    //(4)
        fout << fRand << " ";                 //(5)
        if (i % 10 == 0) fout << endl;        //(6)
    }
    fout.close();
    return 0;
}
```

실행결과

Test.txt - 메모장

파일 편집 보기

```
62.8 81.64 91.06 62.8 91.06 75.36 62.8 84.78 62.8 87.92
65.94 78.5 62.8 62.8 72.22 75.36 87.92 62.8 62.8 87.92
75.36 78.5 84.78 91.06 84.78 91.06 91.06 87.92 87.92 72.22
72.22 91.06 65.94 65.94 69.08 87.92 81.64 87.92 69.08 69.08
69.08 87.92 78.5 72.22 87.92 81.64 69.08 87.92 78.5 81.64
87.92 81.64 91.06 65.94 69.08 69.08 72.22 81.64 75.36 78.5
69.08 69.08 91.06 69.08 75.36 75.36 75.36 78.5 75.36 81.64
75.36 75.36 62.8 78.5 62.8 91.06 72.22 69.08 69.08 72.22
81.64 75.36 65.94 87.92 75.36 91.06 81.64 69.08 75.36 75.36
78.5 69.08 65.94 81.64 91.06 62.8 84.78 72.22 62.8 81.64
```

(1) stream 구조와 파일 텍스트 파일 연결
(2) 실수값 저장을 위한 변수 선언
(3) rand() 함수 초기값 가변을 위한 seed 값 설정
(4) rand() 함수를 이용하여 임의의 정수 데이터 생성, 그리고
    실수 데이터로 데이터 처리, (0..9 + 20) x 3.14
(5) 실수 데이터 저장, 데이터마다 빈칸 삽입
(6) 10개 데이터를 기준으로 줄 바꿈 처리

이어서 예제 11-3에서 파일로 저장한 데이터를 반대로 읽어드려서 화면에 표시하는 프로그램을 작성해 보도록 하자. 여기서 주의할 점은 마지막에 "\n"이 있는 경우와 없는 경우에 대한 결과가 차이를 있음을 인식하여야 한다. 그 이유는 우리가 예제 11-3에서 저장한 실수 데이터의 마지막에는 "\n"이 추가되어 있고 "EOF"로 마치기 때문이다. 이런 경우 "\n"의 영향으로 맨 마지막 데이터가 한 번 더 출력되는 문제를 안고 있다. 이러한 사항이 발생할 때에는 다음과 같이 프로그램을 수정하여야 한다.

```
while (fin >> fData)  //(9)
{
  //  fin >> fData;  //(10)
     cout << fData << " ";  // (11)
     if (i % 10 == 0) cout << endl;  //(12)
     i++;
}
fin.close();          //(7)
```

ex 11-4 텍스트 파일 숫자 데이터 읽기

```
// ex11-3 예제와 동일, 다음에 이어서 코딩:
    fout.close();

    ifstream fin;              //(7)
    fin.open("c:\\C++Work\\Test.txt");
    if (!fin)
    {
        cout << "파일을 열수 없습니다." << endl;      return 0;
    }

    int i = 1;
    double fData;  // (8)
    while (!fin.eof())  //(9)
    {
        fin >> fData;  //(10)
        cout << fData << " ";  // (11)
        if (i % 10 == 0) cout << endl;  //(12)
        i++;
    }
    fin.close();
    return 0;
}
```

실행결과

```
62.8 81.64 91.06 62.8 91.06 75.36 62.8 84.78 62.8 87.92
65.94 78.5 62.8 62.8 72.22 75.36 87.92 62.8 62.8 87.92
75.36 78.5 84.78 91.06 84.78 91.06 91.06 87.92 87.92 72.22
72.22 91.06 65.94 65.94 69.08 87.92 81.64 87.92 69.08 69.08
69.08 87.92 78.5 72.22 87.92 81.64 69.08 87.92 78.5 81.64
87.92 81.64 91.06 65.94 69.08 69.08 72.22 81.64 75.36 78.5
69.08 69.08 91.06 69.08 75.36 75.36 75.36 78.5 75.36 81.64
75.36 75.36 62.8 78.5 62.8 91.06 72.22 69.08 69.08 72.22
81.64 75.36 65.94 87.92 75.36 91.06 81.64 69.08 75.36 75.36
78.5 69.08 65.94 81.64 91.06 62.8 84.78 72.22 62.8 81.64
81.64
```

(7) stream 구조와 연결할 ifstream class의 객체 생성

(8) 파일로부터 데이터를 읽어 드리고 이미 저장할 실수형 변수 선언

(9) 파일 끝일 때까지 반복 실행

(10) 텍스트 파일로부터 차례대로 실수형 데이터 읽어오기, 빈칸으로 구분

(11) 읽어온 파일 화면 출력

(12) 10개 데이터를 기준으로 다음 줄로 정리

같은 방법으로 미디어나 그림파일 등은 텍스트 파일이 아닌 바이너리 파일로써 사용 방법은 지금까지 기술한 부분을 응용하면 쉽게 구현할 수 있다. 인터넷 검색어 "c++ 바이너리 파일"를 통해 필요한 예제를 구하여 활용하기를 바라며 파일 입출력에 대한 기본은 여기서 마친다.

12

예외처리

12 예외처리

프로그램 형식은 이상이 없으나 사칙연산에서 0으로 나누어지거나 양의 정수만을 처리하는 Factorial 계산에 음수 값을 구하고자 시도하는 경우 혹은 읽어야 할 파일이 없는 상황이 발생하여 컴퓨터 시스템이 동작하는 도중에 예상하지 못한 동작 결과가 일어나는데 이러한 현상을 예외(exception)라고 한다. 예외 상황이 발생하였을 때 안정적으로 프로그램의 흐름을 유도하고 프로그램의 버그 혹은 예외를 일으키는 원인을 알 수 있도록 처리하는 프로그램 코드를 예외처리(exception handling) 라고 한다. C++ 언어 또한 예외처리 방식을 제공하고 있으며 예외 상황을 관리하기 쉽게 해 준다.

12.1 조건문을 사용한 예외처리

예외처리에 대한 이해를 돕기 위하여 예제를 중심으로 설명하기로 한다. factorial을 구하는 예제 12-1 프로그램에서는 구하고자 하는 factorial의 대상은 반드시 양의 정수이어야 한다. 그런데 프로그램의 결과를 보면 5!=120을 정확히 구할 수 있지만 −5!=1의 결과를 보였다. factorial의 정의구역이 양의 정수임에도 불구하고 결과를 출력하고 있음을 알 수 있다. 이 경우에 계산을 수행하지 않고 잘못된 정의구역 데이터가 입력되었음을 표현하여 준다면 보다 안정된 프로그램이 될 것이다. 이러한 경우에 대하여 if-else 문을 이용하여 예외를 예제 12-2와 같이 검색하고 예외를 쉽게 처리를 할 수 있다.

그런데 만약 여러 개의 예외를 하나로 처리하여야만 하거나 예외처리를 구현하기 위하여 프로그램의 구조가 if-else 블록으로 매우 복잡하게 구현될수 밖에 없다면 보다 체계적인 예외처리 절차가 필요할 것이다. C++ 언어에서는 이같은 경우를 고려하여 전용으로 사용할 수 있는 예외처리 기능을 제공해준다.

ex 12-1 Factorial 구하기

```
#include <iostream>
using namespace std;

double Factorial(int N)      //Factorial을 구하는 함수
{
    double nResult = 1;
    for (int i = N; i>0; i--)    nResult *= i;

    return nResult;
}

int main()
{
    int nFact;

    cout << "임의의 정수를 입력하세요 : ";
    cin >> nFact;
    double nResult = Factorial(nFact);
    cout << nFact << "! =" << nResult << endl;
    return 0;
}
```

실행결과

```
임의의 정수를 입력하세요 : 5
5! =120
임의의 정수를 입력하세요 : -5
-5! =1
```

ex 12-2 Factorial 구하기(if-else)

```
#include <iostream>
using namespace std;

double Factorial(int N)      //Factorial을 구하는 함수
{
    double nResult = 1;
    for (int i = N; i>0; i--)    nResult *= i;

    return nResult;
}

int main()
{
    int nFact;
    cout << "임의의 정수를 입력하세요 : ";
    cin >> nFact;
    if (nFact < 0)  cout << "양수를 입력하세요\n";
    else
    {
        double nResult = Factorial(nFact);
        cout << nFact << "! =" << nResult << endl;
    }
    return 0;
}
```

실행결과

```
임의의 정수를 입력하세요 : 5
5! =120
임의의 정수를 입력하세요 : -5
양의 정수를 입력하세요
```

12.2 C++ 기본 예외처리

C++에서 예외처리를 구현하기 위하여 제공되는 명령은 try, throw, catch( ) 이며, 이들의 기능을 정리하면 다음과 같다.

예외처리 | Keypoint

- 프로그램 실행도 중 예기치 못한 버그(bug)가 발생할 경우 예외를 검색하고 이를 안전하게 처리하고자 할 때 사용
- 예외를 감지하고 전달하는 블록과 예외 정보를 처리하는 블럭으로 구성

```
try      // 예외가 발생할 가능성이 있는 블록
{
      throw 예외처리정보;  // 오류에 대한 정보를 던지는 문장
}
catch( 매개변수 )    //던져진 예외 상황 정보를 매개변수로 받아 처리하는 블록
{
   예외처리;
}
```

- try 문으로 예외를 처리하기 위해서는 try 문 다음에 반드시 하나 이상의 catch 블록을 구현해야 한다.
- throw를 통해 던지는 정보는 어떤 자료형이든 무관하다. 단 하나의 정보만 보낼 수 있으며 catch 블록으로 받을 수 있는 매개변수도 단 하나의 정보만 받는다.
- try 블록내에 다수의 throw가 존재할 수 있으며, catch 블록에서 던져지는 자료형에 따라 자동으로 일치하는 catch 블록이 실행된다.
- catch(...) : catch( )의 매개변수를 ...으로 처리하면 던져지는 데이터가 일치하지 않는 나머지의 모든 예외상황을 default 로 처리하여 작동한다.
- 다단계 함수로 이어진 경우 임의 위치 함수에서 throw 정보는 최초 호출한 블록으로 자동으로 찾아가서 실행

C++에서 제공하는 예외처리를 이용하여 예제 12-2를 예외처리 문장으로 예제 12-3과 같이 바꾸어 보자.

ex 12-3 예외처리 기본

```
#include <iostream>
using namespace std;

double Factorial(int N)     //Factorial을 구하는 함수
{
    double nResult = 1;
    for (int i = N; i>0; i--)    nResult *= i;

    return nResult;
}

int main()
{
    int nFact;
    cout << "임의의 정수를 입력하세요 : ";
    cin >> nFact;
    try                    //(1)
    {
        if (nFact < 0)  throw nFact;    //(2)

        double nResult = Factorial(nFact);    //(3)
        cout << nFact << "! =" << nResult << endl;
    }
    catch (int e)   //(4)
    {
        cout << e <<" : 양수를 입력하세요" <<endl;
    }
    return 0;
}
```

실행결과

```
임의의 정수를 입력하세요 : 5
5! =120
임의의 정수를 입력하세요 : -5
-5 : 양수를 입력하세요
```

예제에서 예외처리를 위한 프로그램이 동작하는 과정은 다음과 같다.

(1) try { } 블록에서 예외상황 감지

(2) 예외상황이 감지되면 throw 명령을 통해 오류 정보를 전달(던지기)하고 catch{ } 블록으로 이동

(3) 예외 상황이 발생하지 않으면 이하 코드 실행

(4) 예외 상황이 발생했을 때 문제를 일으킨 데이터 정보를 매개변수를 통해 받는데 보통 변수명을 e로 정의하여 사용

예제 12-3에서 예외 상황에서 throw를 통해 던져지는 데이터를 문자열로 만들어 전달해보자.

ex 12-4 예외처리 기본(문자열 던지기)

```
#include <string>    //(1)

// 이상의 코드는 예제 12-3과 동일
int main()
{
    int nFact;
    cout << "임의의 정수를 입력하세요 : ";
    cin >> nFact;

    try
    {
        if (nFact < 0)  throw to_string(nFact)+": 양수를 입력하세요.";  //(2)
        double nResult = Factorial(nFact);
        cout << nFact << "! =" << nResult << endl;
    }
    catch (string e)  //(3)
    {
        cout << e <<endl;
    }
    return 0;
}
```

실행결과

```
임의의 정수를 입력하세요 : 5
5! =120
임의의 정수를 입력하세요 : -5
-5 : 양수를 입력하세요
```

(1) 문자열을 다루기 위하여 string class 라이브러리 include

(2) to_string() 멤버함수를 이용하여 예외 상황 데이터를 문자열로 변환

(3) 예외 상황에 대한 정보를 담은 문자열을 전달받고 정보를 출력하는 문장 실행, 이때 예외 상황이 변질되는 경우를 방지하기 위하여 다음과 같이 상수형 문자열 혹은 상수형 정수 참조형으로 전달받는 것이 일반적임.

```
catch (const string &e)   //(3)
{
        cout << e <<endl;
}
```

독자들은 지금까지 예외 상황 처리에 대한 프로그램을 공부하면서 if-else 문 보다 편리한 기능이 무엇일까? 라는 의문을 가질 것이다. 당연하다. 왜냐하면 예제 12-4는 다음과 같이 if-else 문을 사용하면 훨씬 쉽게 수정할 수 있기 때문이다.

ex 12-5 if-else로 가능한 예외처리(1)

```
// 이상의 코드는 예제 12-3과 동일

int main()
{
    int nFact;
    cout << "임의의 정수를 입력하세요 : ";
    cin >> nFact;
    if (nFact < 0)   cout<< to_string(nFact)+": 양수를 입력하세요.";   //(2)
    else
    {
        double nResult = Factorial(nFact);    //(3)
        cout << nFact << "! =" << nResult << endl;
    }
    return 0;
}
```

실행결과

```
임의의 정수를 입력하세요 : 5
5! =120
임의의 정수를 입력하세요 : -5
-5 : 양수를 입력하세요
```

그런데 한 예로 수학에서 조합(combination)을 계산하는 프로그램을 생각해보자. 조합은 서로 다른 n 개의 무언가가 있을 때 r 개를 순서 관계없이 선택하는 경우의 수를 구하는 방법으로 다음과 같이 Factorial이 3번 사용된다. 여기서 n!, (n-r)!, r! 역시 모두 양의 정수인지를 반드시 검사하여야 한다.

$$nC_r = \frac{n!}{(n-r)!\ r!}$$

이런 경우에는 if-else 문을 사용한다면 예제 12-6과 같이 복잡한 형태로 프로그램이 작성될 수밖에 없다. 여기서 데이터를 입력할 때 다음과 같이 데이터와 데이터 사이에는 스페이스 바를 이용하여 처리하여야 한다.

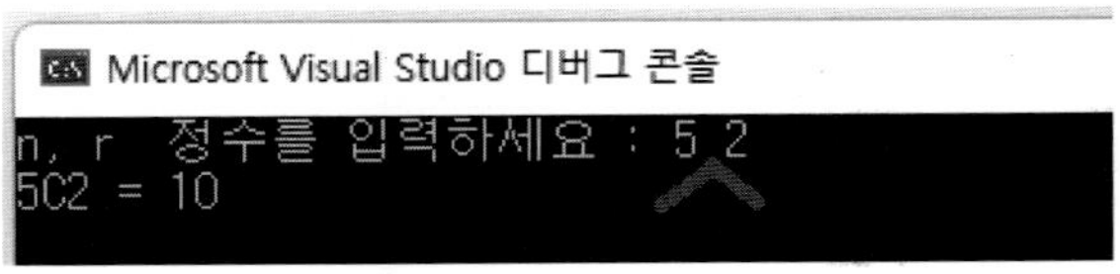

이와같이 예외가 여러 개 발생할 경우에는 try 등 예외처리를 활용하는 편이 문제해결을 위해 유리하다. 예제 12-6을 예제 12-7과 같이 예외처리를 통해 간결하게 문장을 구현할 수 있다.

ex 12-6 if-else로 가능한 예외처리(2)

```
// 이상의 코드는 예제 12-3과 동일

int main()
{
    int n, r;
    double nf=0, rf=0, nrf=0, nCr=0;

    cout << "n, r  정수를 입력하세요 : ";
    cin >> n >> r;
    string strComb = to_string(n) + "C" + to_string(r) + " = ";
    cout << strComb;

    if (n < 0)  cout<<to_string(n) + ": 계산과정중 음수가 있어요!";
    else
    {
        nf = Factorial(n);
        if (r < 0)  cout<<to_string(r) + ": 계산과정중 음수가 있어요!";
        else
        {
            rf = Factorial(r);
            if ((n - r) < 0)  cout<<to_string(n - r) + ": 계산과정중 음수가 있어요!";
            else
            {
                nrf = Factorial(n - r);
                nCr = nf /(rf*nrf);
                cout << nCr << endl;
            }
        }
    }
    return 0;
}
```

실행결과

```
n, r  정수를 입력하세요 : 5 6
5C6 = -1: 계산과정중 음수가 있어요!
```

ex 12-7 다수 예외 상황에 대한 처리(1)

```
// 이상의 코드는 예제 12-3과 동일

int main()
{
    int n, r;
    double nf=0, rf=0, nrf=0, nCr=0;

    cout << "n, r  정수를 입력하세요 : ";
    cin >> n >> r;
    string strComb = to_string(n) + "C" + to_string(r) + " = ";
    cout << strComb;
    try
    {
        if (n < 0)  throw to_string(n) + ": 계산과정중 음수가 있어요!";
        if (r < 0)  throw to_string(r) + ": 계산과정중 음수가 있어요!";
        if ((n - r) < 0)  throw to_string(n - r) + ": 계산과정중 음수가 있어요!";

        nf = Factorial(n);
        rf = Factorial(r);
        nrf = Factorial(n - r);
        nCr = nf / (rf * nrf);
        cout << nCr << endl;
    }
    catch (const string &e)
    {
        cout << e << endl;
    }
    return 0;
}
```

실행결과

```
n, r  정수를 입력하세요 : 5 6
5C6 = -1: 계산과정중 음수가 있어요!
```

만약에 함수에서 예외를 감지하고 처리한다면 함수를 호출한 최종 문장에서 예외 종류를 catch 하게 된다. 예제 12-8은 예제 12-7을 훨씬 간결하게 처리하도록 함수 자체에서 예외를 검색하고 발생한 문제를 호출했던 main()으로 되돌리는 프로그램의 구현이다. 다단계로 함수가 호출되는 경우도 마찬가지이다.

ex 12-8 다수 예외 상황에 대한 처리(2)

```
#include <iostream>
#include <string>
using namespace std;

double Factorial(int N)
{
    if (N < 0)  throw to_string(N) + ": 계산과정중 음수가 있어요!";
    double nResult = 1;
    for (int i = N; i >0; i--)
    {
        nResult *= i;
    }
    return nResult;
}

int main()
{
    int n, r;
    double nf=0, rf=0, nrf=0, nCr=0;

    cout << "n, r  정수를 입력하세요 : ";
    cin >> n >> r;
    string strComb = to_string(n) + "C" + to_string(r) + " = ";
    cout << strComb;


    try
    {
        // if (n < 0)  throw to_string(n) + ": 계산과정중 음수가 있어요!";
        // if (r < 0)  throw to_string(r) + ": 계산과정중 음수가 있어요!";
        // if ((n - r) < 0)  throw to_string(n - r) + ": 계산과정중 음수가 있어요!";
```

```
        f = Factorial(n);  //throw 기능을 Factorial( )함수로 이동
        rf = Factorial(r);
        nrf = Factorial(n - r);
        nCr = nf / (rf * nrf);
        cout << nCr << endl;
    }

    catch (const string &e)
    {
        cout << e << endl;
    }
    return 0;
}
```

실행결과

```
n, r  정수를 입력하세요 : 5 6
5C6 = -1: 계산과정중 음수가 있어요!
```

예제 12-9에서는 다단계로 호출되는 경우의 예외처리 프로그램으로 변경한 것이다. main()에서 Combination() 함수로, Combination() 함수에서 다시 Factorial() 함수로 다단계로 함수가 호출되는데 Factorial() 함수에서 에외 상황을 감지하여 그 정보를 throw 하면 처음 함수를 호출한 main()에서 그 정보를 catch() 한다.

ex 12-9 다단계 함수호출 예외 처리

```
#include <iostream>
#include <string>
using namespace std;

double Factorial(int N)
{
    if (N < 0)  throw to_string(N) + ": 계산과정중 음수가 있어요!";
    double nResult = 1;
    for (int i = N; i >0; i--)
    {
        nResult *= i;
    }
    return nResult;
}
double Combination(int n, int r)
{
    double nf = Factorial(n);
    double rf = Factorial(r);
    double nrf = Factorial(n - r);
    double nCr = nf / (rf * nrf);
    return nCr;
}

int main()
{
    int n, r;
//    double nf=0, rf=0, nrf=0, nCr=0;

    cout << "n, r  정수를 입력하세요 : ";
    cin >> n >> r;
    string strComb = to_string(n) + "C" + to_string(r) + " = ";
    cout << strComb;
```

```
    try
    {
        double nCr=Combination(n, r);
        cout << nCr << endl;
    }
    catch (const string &e)
    {
        cout << e << endl;
    }
    return 0;
}
```

실행결과

```
n, r  정수를 입력하세요 : 5 2
5C2 = 10
n, r  정수를 입력하세요 : 5 6
5C6 = -1: 계산과정중 음수가 있어요!
n, r  정수를 입력하세요 : -1 10
-1C10 = -1: 계산과정중 음수가 있어요!
```

지금까지의 최종 예제를 무한 반복하는 프로그램으로 만들어보자. 무한 반복문인 while(1)을 try 블럭 밖에 위치시키는 경우와 try 블록 내부에 위치시키는 방법이 있다. 만약 사용자가 예외상황이 발생되었을 때 예외처리하고 계속 반복하고 싶으면 무한 반복문 while(1)을 try 블럭 밖에 위치 시키고, 예외상황이 발생했을 때 예외 처리하고 프로그램을 종료하고 싶으면 try 블록 내부에 while(1)을 위치 시키면 된다.

먼저 try 블럭 밖에 무한 반복문을 위치시키고 그 결과를 살펴보자. 예제 12-10에 이를 나타내었다. 이어서 예외상황이 발생했을 때 예외 처리하고 프로그램을 종료하는 프로그램을 12-11에 추가하여 보여준다. 두 프로그램은 분명히 같은 예외상황을 처리하더라도 차이가 분명히 존재한다.

ex 12-10 무한반복 예외 처리

```
#include <iostream>
#include <string>
using namespace std;

double Factorial(int N)
{
    if (N < 0)  throw to_string(N) + ": 계산과정중 음수가 있어요!";
    double nResult = 1;
    for (int i = N; i >0; i--)
    {
        nResult *= i;
    }
    return nResult;
}

double Combination(int n, int r)
{
    double nf = Factorial(n);
    double rf = Factorial(r);
    double nrf = Factorial(n - r);
    double nCr = nf / (rf * nrf);
    return nCr;
}


int main()
{
    int n, r;
    while (1)
    {
        cout << "n, r  정수를 입력하세요 : ";
        cin >> n >> r;
        string strComb = to_string(n) + "C" + to_string(r) + " = ";
        cout << strComb;
```

```
        try
        {
            double nCr = Combination(n, r);
            cout << nCr << endl;
        }
        catch (const string& e)
        {
            cout << e << endl;
        }
    }
    return 0;
}
```

실행결과

```
n, r  정수를 입력하세요 : 5 2
5C2 = 10
n, r  정수를 입력하세요 : 5 6
5C6 = -1: 계산과정중 음수가 있어요!
n, r  정수를 입력하세요 : -1 10
-1C10 = -1: 계산과정중 음수가 있어요!
n, r  정수를 입력하세요 :
```

ex 12-11 무한반복 예외 처리후 종료

```
// 이상의 코드는 예제 12-10과 동일

int main()
{
    int n, r;
    try
    {
        while (1)
        {
            cout << "n, r  정수를 입력하세요 : ";
            cin >> n >> r;
            string strComb = to_string(n) + "C" + to_string(r) + " = ";
            cout << strComb;
            double nCr = Combination(n, r);
            cout << nCr << endl;
        }
    }
    catch (const string& e)
    {
        cout << e << endl;
    }
    return 0;
}
```

실행결과

```
n, r  정수를 입력하세요 : 5 2
5C2 = 10
n, r  정수를 입력하세요 : 5 6
5C6 = -1: 계산과정중 음수가 있어요!
```

지금까지 예외 상황을 검색에서 그 상황마다 여러 개의 throw가 정보를 던지고 하나의 catch 블록에서 받는 경우를 살펴보았다. 물론 각각의 throw 정보 자료형이 다른 경우 여러 개의 catch 블록에서 그 정보를 각각 받을 수 있다.

12.3 default catch 예외처리

C++에서 예외처리를 구현하기 위하여 제공되는 명령은 try, throw, catch( )인데 switch() 문에서 default 처리와 같이 throw 명령을 통해 던져지는 예외정보 자료형이 일치하는 catch( ) 블록이 없다면 그것들을 모아 일괄로 처리하는 문장이 별도로 필요하다. 이와 같은 경우에 catch 블록의 매개변수를 지정하지 않고 catch(...)으로 처리하면 일치하지 않는 예외를 한꺼번에 처리할 수 있다. 예제 12-12에서 입력된 두 개의 값을 나누는 경우를 고려해보자. 두 개의 값을 각각 나눈 값을 출력하기로 한다. 나누기는 분모가 반드시 0이 아니어야 하므로 0으로 나누는 상황이면 나눈 값을 던지는 경우를 추가하였다.

ex 12-12 default 예외정보 catch

```
#include <iostream>
#include <string>
using namespace std;

double Factorial(int N)
{
    if (N < 0)  throw to_string(N) + ": 계산과정중 음수가 있어요!";
    double nResult = 1;
    for (int i = N; i >0; i--)
    {
        nResult *= i;
    }
    return nResult;
}
double Combination(int n, int r)
{
    double nf = Factorial(n);
    double rf = Factorial(r);
    double nrf = Factorial(n - r);
    double nCr = nf / (rf * nrf);
    return nCr;
}
```

```
int main()
{
    int n, r;
    try
    {
        while (1)
        {
            cout << "n, r  정수를 입력하세요 : ";
            cin >> n >> r;
            string strComb = to_string(n) + "C" + to_string(r) + " = ";
            cout << strComb;

            double nCr = Combination(n, r);
            cout << nCr << endl;

            if (n == 0) throw n;
            else if (r == 0) throw r;

            cout << "n /r  =" << n / r << endl;
            cout << "r /n  =" << r / n << endl;
        }
    }
    catch (const string& e)
    {
        cout << e << endl;
    }

     catch (...)
     {
     cout << " : Integer division by zero." << endl;
     }
    return 0;
}
```

실행결과

```
n, r  정수를 입력하세요 : 5 2
5C2 = 10
n /r  =2
r /n  =0
n, r  정수를 입력하세요 : 5 6
5C6 = -1: 계산과정중 음수가 있어요!
n, r  정수를 입력하세요 : 5 0
5C0 = 1
 : Integer division by zero.
```

두엄을 지나온 바람은 썩은 내가 나고
꽃밭을 지나온 바람은 향기가 나네.

C++ 고급과정을 학습한 나는
어떤 향기를 머금어
나도 좋고 남도 좋은 일에 존재의 이유를 밝힐까?

C++ 기반 객체지향프로그래밍

초판인쇄 2023년 3월 1일
초판발행 2023년 3월 10일

저 자 김근식
발 행 인 조규백
발 행 처 도서출판 **구민사**
(07293) 서울시 영등포구 문래북로 116, 604호(트리플렉스 604호)
전 화 (02)701-7421(~2)
팩 스 (02)3273-9642
홈페이지 www.kuhminsa.co.kr
신고번호 제2012-000055호(1980년 2월4일)
ISBN 979-11-6875-167-5 (93000)
정 가 26,000원